"四步曲问题环"驱动高中生态数学

法少鹏　著

中国海洋大学出版社

CHINA OCEAN UNIVERSITY PRESS

·青岛·

图书在版编目(CIP)数据

"四步曲问题环"驱动高中生态数学 / 法少鹏著. —
青岛:中国海洋大学出版社, 2021.8
ISBN 978-7-5670-2909-5

Ⅰ.①四… Ⅱ.①法… Ⅲ.①中学数学课–高中–教
学参考资料 Ⅳ.①G634.603

中国版本图书馆 CIP 数据核字(2021)第 166686 号

出版发行	中国海洋大学出版社			
社 址	青岛市香港东路 23 号		**邮政编码**	266071
出 版 人	杨立敏			
网 址	http://pub.ouc.edu.cn			
电子信箱	cbsebs@ouc.edu.cn			
责任编辑	孙宇菲		**电 话**	0532-85902469
印 制	日照日报印务中心			
版 次	2021 年 8 月第 1 版			
印 次	2021 年 8 月第 1 次印刷			
成品尺寸	170 mm × 230 mm			
印 张	8.25			
字 数	103 千			
印 数	1~1600			
定 价	68.00 元			

发现印装质量问题,请致电 18663037500,由印刷厂负责调换。

序　言

　　笔者在任教之初即产生高中数学"四步曲问题环"的构想,通过多年的实践与钻研,积累了很多富有特色的原创性研究成果。2020年寒假,一场突如其来的新冠肺炎疫情使正常的教育教学按下暂停键,居家工作生活给予笔者充分的时间与空间,对"四步曲问题环"进行系统的梳理与提升。2020年恰逢山东省新高考改革元年,笔者作为一名管理服务人员,有幸全程参与了高三年级备考工作,共同经历新高考的检阅,并深入剖析2020年高考数学试题。本书力求呈现上述宝贵成果,若读者能从中受益,甚幸矣。

　　本书特点有四"多"。

　　特点一:多角度解题。

　　本书重视优劣的剖析,不局限于参考答案的单一呈现。一题多解是数学的重要特点,更是引领学生发现和解决问题的过程,此亦为本书重点。

　　特点二:多层类变式。

　　深入挖掘题目的内在规律与外延变化,也意味着跳出"题海"! 敢于添题的教师常有,敢于删题的教师却鲜见。变化中寻找不变的规律,变化中寻找有规律的变化……这是数学指导学生追求事物本质与变化的重要贡献。

　　特点三:多根系溯源。

　　题目终究是载体,借此弄清来龙去脉,方为主体。通过对《中国高考评价体系》《中国高考评价体系的说明》《基于高考评价体系的数学科考试内容改革实施路径》以及新课标、新旧教材、高考真题与数据等的追根溯源，引导学生认清题目的生成过程，达到高屋建瓴的境界。

特点四：多维度命题。

试题命制彰显提出问题的能力。保留题目的题设部分，引导学生由此出发，多角度思考，多维度设问，生成"习题串"或"习题组"，大力发展其创新意识与探究精神。

法少鹏

2021 年 3 月于山东青岛

目　录

第一章 浅说"四步曲问题环"

如何从无边的题型题海中优雅上岸?

如何练就筑牢必备知识的独门绝技?

如何探求解决实际问题的不二法门?

如何把握发展数学素养的"波若密匙"?

为精准击破高中数学的关键点,本书提出"四步曲问题环":通过"多角度解题"深入问题、"多层类变式"研究规律、"多根系溯源"剖析本质、"多维度命题"再生问题(图 1-1)。简言之,构建由"问题"到"问题"的"问题环"。

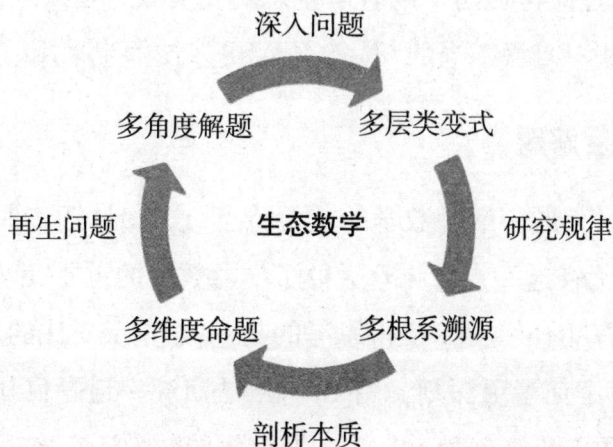

图 1-1

"四步曲问题环"是笔者基于经验提炼出的一种相对成熟、操作性较强的教学模式,在高中(特别是高三)数学教学的多年实践中得到了充分的检验,备战高考卓有成效。"四步曲问题环"致力于多角度看透、做透、悟透题目,进而加深对高中数学知识、方法、能力的把握,最终达到教与学境界的提升。

目前高中数学教与学存在如下几个问题。

一是重视做题,淡化研题。就题论题的"题海"中,题目自身的"营养"大量流失。

二是重视题型"套路",淡化变式和创新。"套路化"的解题模式固化了学生的思维,弱化了其解决实际问题、探究新问题的能力。

三是重数量,轻质量。师生"陷入题海"的标志是重视"刷题"本身但忽视"刷题"之外。当下,高中学生的大量时间被课后作业或限时训练"挤占",往往无暇改错、反思或透彻研究一道题。这必然导致心中无"经典"——"套路化刷题",不利于构建强大的学科知识思维体系。因此,本书提出"四步曲问题环",旨在匡助师生跳出"题海",从容应试。

上述问题是应考压力下的教学生态畸变所致。当缺乏更有效的备考"抓手"时,相对直截了当的"题海战术"更多被师生采用。

一、多角度解题

是非分明、一题多解是数学的重要特点,这也是"四步曲"易于实施的关键环节。无视这一点意味着丢掉了学习数学的重要"武器",也就失去了跳出"题海"的可能性。值得思考的是,基于正反对比的思考解答与单纯的参考答案何者更深刻?用10种解法研究一道题目与做10个题目相比较,效果差别在何处?失去一题多解的数学还有多少"数学味"?

多角度解题中,最困难、最神秘的是"逆向解题",即"命题揭秘"。这是多角度解题中"突破"的解法。通过逆向研究,不仅可以理清来龙去脉,更一针见血地直指"魂魄"所在,实现从"解题者"向"命题者"的突破性飞跃。

二、多层类变式

千变万化也是数学的重要特色,深入挖掘高考的内在规律与外延变化就可能跳出"题海"!突出高考题研究的另一种理解就是淡化非高考题。传统的"题海"战术也重视高考题,但是对高考题的利用率不够高,其典型特点是:高考题基本都做过,但是系统性不强,数据分析不精细,各种变化补充不多,命题背景研究不透。简言之,高考题与非高考题没有区别。

零散的题目难以形成"最大合力","就题论题"的孤立研究是对高考题之精华的浪费。笔者建议将全国卷高考题精确分类汇编,于各自体系中研究其规律特点及变化趋势。对高考题的变式让我们寻找到高考的真正内涵与外延,对于解题规律与命题规律有了更深刻的体会,对于高考"核心问题"更加清楚。我们追求由一个题目到一类题目,由一类题目到几类题目;我们也追求由大量题目到几类题目,由几类题目到一种问题。在长期的变式命题实践中逐渐形成"逆向命题""换元命题"等常用的有效模式,受益匪浅。

所谓变式,就是不断追问、不断探究的过程,包括类别的变式、层次的变式等。通过对题设、设问等的主动变化、深化,逐步实现"低起点、多落点、高观点"的目标!

三、多根系溯源

《中国高考评价体系》提出"一核四层四翼":在情境中围绕"基础

性、综合性、应用性和创新性"的考查要求,动态地考查"必备知识、关键能力、学科素养和核心价值"等内容,强调知识在动态的考查载体中的灵活运用。为适应新高考的要求,数学学科应立足于高考真题和教材知识生态的研究落实,围绕相对静态的知识、方法、能力等,在学习情境、探索创新情境和应用实践情境中实现高考备考的动态、多维转变。

高中数学的教与学应围绕"构建高中数学高效问题系统",努力打造优秀教师队伍,从而培养更优秀的学生!我们可以通过高效分层的"四步曲问题环"设计高效课堂、精华作业、精准改错等数学教育生态系统。

构建高中数学问题系统需要基于《中国高考评价体系》《中国高考评价体系的说明》《高考评价体系的数学科考试内容改革实施路径》、新课标、新旧教材、高考真题及数据等形成"低起点、多落点、高观点"的问题系统!

一道题目从上述多元视角分析研究后,其来龙去脉将更加清晰,更加明确重难点,可以增强教学的针对性,真正实现破除僵化的应试模式。

四、多维度命题

在多年的实践基础之上,笔者逐渐探索并积累了大量创新命题,除高考改编题、高考模仿题外,更多的是原创构思甚至是学生的灵感,可谓无价之宝。透过原创命题,我们更深刻地体会到题目和题型的千变万化,领悟到数学知识、方法、思想的核心地位。

当我们仅用一支笔一张纸不参考任何题目进行原创命题时经常发现:这道题目的灵魂往往与某道高考原题高度一致。这既说明高考原题的命题水准之高及研究价值之大,也凸显了高考题的独特魅力。原创命题的方法有很多,如逆向命题设计、问题式命题设计、灵感命题设计等。

　　总之,以多角度解题、多层类变式、多根系溯源及多维度命题的"四步曲问题环"指导题目研究,远胜于拼比题目数量或依靠记忆。期盼"四步曲问题环"助力师生,使教、学、考事半功倍。

第二章 "四步曲问题环"研究示例

(2019 山东省模拟考试第 22 题) 函数 $f(x)=\dfrac{a+x}{1+x}(x>0)$，曲线 $y=f(x)$ 在点 $[1,f(1)]$ 处的切线在 y 轴上的截距为 $\dfrac{11}{2}$。

(1)求 a；

(2)讨论 $g(x)=x[f(x)]^2$ 的单调性；

(3)设 $a_1=1,a_{n+1}=f(a_n)$。证明：$2^{n-2}|2\ln a_n-\ln 7|<1$。

本题考查切线、单调性以及与数列的融合，通过构造等比数列证明不等式。该题第 3 问难度较大，比肩竞赛题或江浙地区的高考"压轴题"。该设置加大了对学生的区分度，更有利于选拔高端人才。

一、"四步曲问题环"之多角度解题

重点研究第三问。

优解：由递推公式易知 $a_n\geqslant 1$，

再由 $a_{n+1}-\sqrt{7}=\dfrac{a_n+7}{a_n+1}-\sqrt{7}=\dfrac{(1-\sqrt{7})(a_n-\sqrt{7})}{a_n+1}$ 知，若 $a_n<\sqrt{7}$，则 $a_{n+1}>\sqrt{7}$；若 $a_n>\sqrt{7}$，则 $a_{n+1}<\sqrt{7}$。

又 $a_1=1<\sqrt{7}$，所以 n 为奇数时 $a_n<\sqrt{7}$，n 为偶数时 $a_n>\sqrt{7}$。

① 当 n 为奇数时，$a_n < \sqrt{7}$，$a_{n+1} > \sqrt{7}$，由问题(2)的单调性可知

$$a_n a_{n+1}^2 = a_n f^2(a_n) < \sqrt{7} \times \left(\frac{\sqrt{7}+7}{\sqrt{7}+1} \right)^2 = 7\sqrt{7},$$

则 $1 < \dfrac{a_{n+1}^2}{7} < \dfrac{\sqrt{7}}{a_n} \Rightarrow \ln\dfrac{\sqrt{7}}{a_n} > \ln\dfrac{a_{n+1}^2}{7} > 0$

$$\Rightarrow \left| \ln\frac{a_n}{\sqrt{7}} \right| > 2\left| \ln\frac{a_{n+1}}{\sqrt{7}} \right|.$$

② 当 n 为偶数时，$a_n > \sqrt{7}$，$a_{n+1} < \sqrt{7}$，由问题(2)的单调性可知

$$a_n a_{n+1}^2 = a_n f^2(a_n) > \sqrt{7} \times \left(\frac{\sqrt{7}+7}{\sqrt{7}+1} \right)^2 = 7\sqrt{7},$$

则 $\dfrac{a_n}{\sqrt{7}} > \dfrac{7}{a_{n+1}^2} > 1 \Rightarrow \ln\dfrac{a_n}{\sqrt{7}} > \ln\dfrac{7}{a_{n+1}^2} > 0$

$$\Rightarrow \left| \ln\frac{a_n}{\sqrt{7}} \right| > 2\left| \ln\frac{a_{n-1}}{\sqrt{7}} \right|.$$

由①②可得：$\dfrac{\left| \ln\dfrac{a_n+1}{\sqrt{7}} \right|}{\left| \ln\dfrac{a_n}{\sqrt{7}} \right|} < \dfrac{1}{2}$。

所以 $\left| \ln\dfrac{a_n}{\sqrt{7}} \right| = \left| \ln\dfrac{a_1}{\sqrt{7}} \right| \cdot \dfrac{\left| \ln\dfrac{a_2}{\sqrt{7}} \right|}{\left| \ln\dfrac{a_1}{\sqrt{7}} \right|} \cdot \dfrac{\left| \ln\dfrac{a_3}{\sqrt{7}} \right|}{\left| \ln\dfrac{a_2}{\sqrt{7}} \right|} \cdots \dfrac{\left| \ln\dfrac{a_n}{\sqrt{7}} \right|}{\left| \ln\dfrac{a_{n-1}}{\sqrt{7}} \right|}$

$$\leq \ln\sqrt{7} \times \left(\frac{1}{2} \right)^{n-1} < \left(\frac{1}{2} \right)^{n-1}$$

所以 $2^{n-2} \times |2\ln a_n - \ln 7| < 1$。

劣解：利用"不动点"求出通项公式 $a_n = \dfrac{\sqrt{7}\left[(1+\sqrt{7})^n + (1-\sqrt{7})^n \right]}{(1+\sqrt{7})^n - (1-\sqrt{7})^n}$，

接下来寸步难行！

因此，应基于设问判断最优方案：若通项公式是最优解法的必备步骤，设问一般会求其以作铺垫。既然本题没有"提示"求之，则意味着极有可能"绕道而行"。

逆解(命题解密)：若 $a_{n+1}=f(a_n)$，要证明 $2^{n-2}|2\ln a_n-\ln 7|<1$，

只需 $\left|\ln a_n-\ln\sqrt{7}\right|<\dfrac{1}{2^{n-1}}$，$\left|\ln\dfrac{a_n}{\sqrt{7}}\right|<\dfrac{1}{2^{n-1}}$，$\dfrac{\left|\ln\dfrac{a_{n+1}}{\sqrt{7}}\right|}{\left|\ln\dfrac{a_n}{\sqrt{7}}\right|}<\dfrac{1}{2}$ 且

$\left|\ln\dfrac{a_1}{\sqrt{7}}\right|<1$。

因此，函数 $f(x)$ 需过"不动点"$(\sqrt{7},\sqrt{7})$，即确保 $(a_n-\sqrt{7})(a_{n-1}-\sqrt{7})<0$ 且 $a_n>0$；

为使得 $\dfrac{\left|\ln\dfrac{a_{n+1}}{\sqrt{7}}\right|}{\left|\ln\dfrac{a_n}{\sqrt{7}}\right|}<\dfrac{1}{2}$，即 $\dfrac{a_{n+1}^2}{7}<\dfrac{\sqrt{7}}{a_n}$，即 $a_na_{n+1}^2<7\sqrt{7}$，所以需

$x[f(x)]^2\leqslant 7\sqrt{7}$。

在确定函数 $f(x)$ 时，可以借助几何画板等工具，以提高效率。

二、"四步曲问题环"之多层类变式

提出问题：若 $2^{n-1}|\ln a_n-\ln 2|<1$，则 $\ln\dfrac{a_1}{2}$ 且 $x[f(x)]^2\leqslant 8$，求 $f(x)$。

结合上文"逆解"我们可得 $f(2)=2$，$f(x)\leqslant\dfrac{2\sqrt{2}}{\sqrt{x}}$。

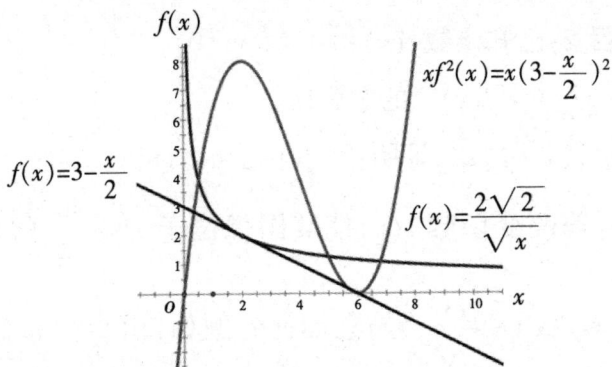

图 2-1

数形结合可知：$f(x)=3-\dfrac{x}{2}$ 符合题意！

变式题目 1: 已知函数 $f(x)=3-\dfrac{x}{2}(x>0)$。

(1)讨论 $g(x)=x[f(x)]^2$ 的单调性；

(2)设 $a_1=1$，$a_{n+1}=f(a_n)$，证明：$2^{n-1}|2\ln a_n-\ln 2|<1$。

探究:改变函数 $f(x)$ 使其图像位于 $y=3-\dfrac{x}{2}$ 的下方或相切,例如,由

$\dfrac{x}{2}\leqslant e^{\frac{x}{2}-1}$ 得"新"$f(x)=3-e^{\frac{x}{2}-1}$。

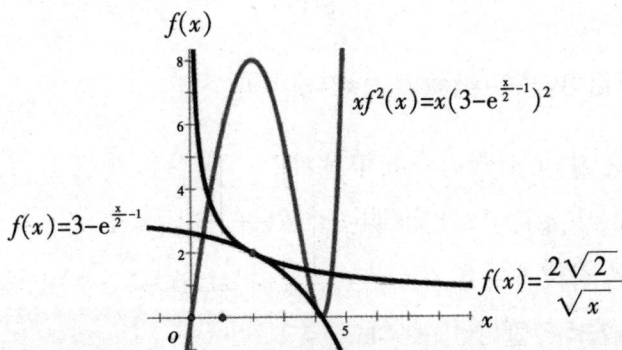

图 2-2

变式题目 2: 已知函数 $f(x)=3-e^{\frac{x}{2}-1}(x>0)$。

(1)讨论 $g(x)=x[f(x)]^2$ 的单调性;

(2)设 $a_1=1$,$a_{n+1}=f(a_n)$,证明:$2^{n-1}|2\ln a_n-\ln 2|<1$。

再探究:若改变函数 $f(x)$ 使其图像位于 $y=3-\dfrac{x}{2}$ 的上方或相切

(保证 $3-\dfrac{x}{2}\leqslant f(x)\leqslant\dfrac{2\sqrt{2}}{\sqrt{x}}$)会如何? 例如,由 $\dfrac{x}{2}\geqslant\ln\dfrac{x}{2}+1$ 得"新"

$f(x)=2-\ln\dfrac{x}{2}$。

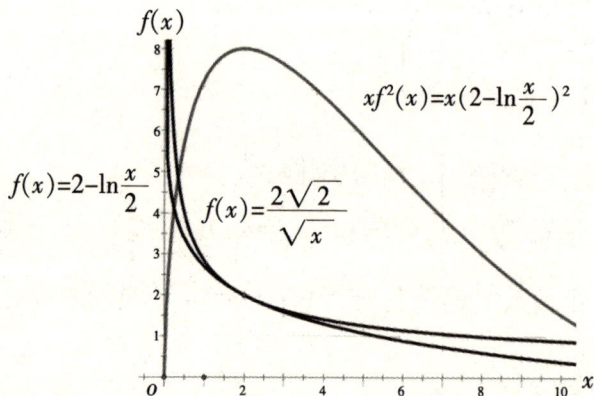

图 2-3

变式题目 3: 已知函数 $f(x)=2-\ln\dfrac{x}{2}(x>0)$。

(1)讨论 $g(x)=x[f(x)]^2$ 的单调性;

(2)设 $a_1=1$,$a_{n+1}=f(a_n)$,证明:$2^{n-1}|2\ln a_n-\ln 2|<1$。

总结: 若函数 $f(x)$ 过不动点 $(t,t)(t>0)$,在 $(0,+\infty)$ 上递减,且

$g(x)=x[f(x)]^2\leqslant t^3$,则 $2^{n-1}|\ln a_n-\ln t|<1$。

三、"四步曲问题环"之多根系溯源

本题贯彻"五育并举"的方针,落实"立德树人"的根本任务,突出数学学科特色,贯彻落实高考评价体系的考查要求,紧密围绕数学抽象、逻辑推理、数学建模、直观想象、数学运算、数据分析六大数学学科核心素养命题,着重体现了数学抽象、逻辑推理、数学运算等核心素养。

追根溯源 1:《中国高考评价体系》。

《基于高考评价体系的数学科考试内容改革实施路径》(任子朝,2019)指出,为落实"四翼"考查要求,高考数学科的考试设计应注意以下几方面:

(1)注意学科间的渗透和交叉,适当增加具有自然科学和社会人文学科情境的试题,促进学科间的融合以及对核心素养的有效考查;

(2)关注探究能力、数学学习能力的考查,通过创新题型,对学生的创新能力进行考查;

(3)通过调整试卷结构,打破固有模式,探索试题排列新方式,努力破除复习备考中题海战术和套路训练的影响。

基于此背景,本题及系列变式水到渠成。

追根溯源 2:《普通高中课程标准(2017 年版、2020 年修订)》、山东省普通高中 2017 级教学指导意见等。

选择性必修课程的"主题一 函数"内容包括数列、一元函数导数及其应用。通过日常生活和数学中的实例,了解数列的概念和表示方法(列表、图像、通项公式),了解数列是一种特殊函数。体会等差数列与一元一次函数的关系,体会等比数列与指数函数的关系。

显然,数列的函数本质是本题的更为深刻的背景。

追根溯源 3:教材 2019 人教 A 版选择性必修第二册。

(第 4 页,例 1)根据下列数列 $\{a_n\}$ 的通项公式,写出数列的前 5 项,并画出它们的图像。

(1) $a_n=\dfrac{n^2+n}{2}$;　(2) $a_n=\cos\dfrac{(n-1)\pi}{2}$。

(第 17 页,第 2 题)画出数列 $a_n=\begin{cases}18, & n=1\\ a_{n-1}-3, & 1<n\leqslant 6\end{cases}$ 的图像,并求通过图像上所有点的直线的斜率。

(第 29 页,正文)当 $q>0$ 且 $q\neq 1$ 时,等比数列 $\{a_n\}$ 的第 n 项 a_n 是指数函数 $f(x)=\dfrac{a_1}{q}\cdot q^x(x\in R)$ 当 $x=n$ 时的函数值,即 $a_n=f(n)$。

教材明确指出并不断渲染"数列 $\{a_n\}$ 是从正整数集 N^*(或它的有限子集 $\{1,2,\cdots,n\}$)到实数集 R 的函数""数列是自变量为离散的数的函数"。诸如此类,层见叠出,俯拾即是。

追根溯源 4:历年相似高考题。

(2017 全国 Ⅲ,理 21)已知函数 $f(x)=x-1-a\ln x$。

(1)若 $f(x)\geqslant 0$,求 a 的值;

(2)设 m 为整数,且对于任意正整数,$\left(1+\dfrac{1}{2}\right)\times\left(1+\dfrac{1}{2^2}\right)\times\cdots\times\left(1+\dfrac{1}{2^n}\right)$ $<m$,求 m 的最小值。

(2014 大纲,理 22)函数 $f(x)=\ln x-\dfrac{ax}{x+a}(a>1)$。

(1)讨论 $f(x)$ 的单调性;

(2)设 $a_1=1,a_{n+1}=\ln(a_n+1)$,证明:$\dfrac{2}{n+2}<a_n\leqslant\dfrac{3}{n+2}$。

(2010 湖北)已知函数 $f(x)=ax+\dfrac{a-1}{x}+1-2a(a>0)$。

(1)若 $f(x)\geqslant\ln x$ 对 $\forall x\in[0,+\infty)$ 恒成立,求 a 的取值范围;

(2)证明：$1+\dfrac{1}{2}+\dfrac{1}{3}+\cdots+\dfrac{1}{n}>\ln(n+1)+\dfrac{n}{2(n+1)}(n\geqslant1)$。

(2014 湖南, 文 21) 已知函数 $f(x)=x\cos x-\sin x+1(x>0)$。

(1)求 $f(x)$ 的单调区间；

(2)记 x_i 为 $f(x)$ 的从小到大的第 $i(i\in N^*)$ 个零点，证明：对一切 $n\in N^*$，有 $\dfrac{1}{x_1^{\,2}}+\dfrac{1}{x_2^{\,2}}+\cdots+\dfrac{1}{x_n^{\,2}}<\dfrac{2}{3}$。

(2015 湖南, 理 21) 已知 $a>0$，函数 $f(x)=e^{ax}\sin x(x\in[0,+\infty))$，记 x_n 为 $f(x)$ 的从小到大的第 $n(n\in N^*)$ 个极值点。证明：

(1)数列 $\{f(x_n)\}$ 是等比数列；

(2)若 $a\geqslant\dfrac{1}{\sqrt{e^2+1}}$，则对一切 $n\in N^*$，$x_n<|f(x_n)|$ 恒成立。

(2015 陕西, 文 21) 设 $f_n(x)=x+x^2+\cdots+x^n-1$，$x\geqslant0,n\in N,n\geqslant2$。

(1)求 $f'_n(2)$；

(2)证明：$f_n(x)$ 在 $\left(0,\dfrac{2}{3}\right]$ 内有且仅有一个零点(记为 a_n)，且

$0<a_n-\dfrac{1}{2}<\dfrac{1}{3}\left(\dfrac{2}{3}\right)^n$。

(2015 陕西, 理 21) 设 $f_n(x)$ 是等比数列 $1,x,x^2,\cdots,x^n$ 的各项和，其中 $x>0,n\in N,n\geqslant2$。

(1)证明：函数 $F(x)=f_n(x)-2$ 在 $\left(\dfrac{1}{2},1\right)$ 内有且仅有一个零点(记为 x_n)，且 $x_n=\dfrac{1}{2}+\dfrac{1}{2}x_n^{n+1}$；

(2)设有一个与上述等比数列的首项、末项、项数分别相同的等差数列，其各项和为 $g_n(x)$，比较 $f_n(x)$ 和 $g_n(x)$ 的大小，并加以证明。

结合上述高考题，在数列与导数知识融合的视角下，2019 年山东省

模拟考试第 22 题既有"复古借鉴"的影子,又有显著创新!

四、"四步曲问题环"之多维度命题

原创命题 1:设函数 $f(x)=n \ln x-\dfrac{e^x}{e^n}+2016, n \in N^*$,证明:

$$\ln \frac{n^2+1}{n^2} < \frac{e^{\frac{1}{n}}-1}{n}。$$

证明:由题知 $f'(x)=\dfrac{n}{x}-e^{x-n}$,

因为 $f'(n)=\dfrac{n}{n}-e^{n-n}=0$,

所以当 $x \in (0,n)$ 时,$f'(x)>0$;当 $x \in (n,+\infty)$ 时,$f'(x)<0$,

所以 $f(x)$ 在 $(0,n)$ 上单调递增,在 $(n,+\infty)$ 上单调递减,

所以 $f\left(n+\dfrac{1}{n}\right)<f(n) \Rightarrow \ln \dfrac{n^2+1}{n^2} < \dfrac{e^{\frac{1}{n}}-1}{n}$。

注:若欲证明 $\ln\left(\dfrac{2016^2+1}{2016^2}\right) < \dfrac{e^{\frac{1}{2016}}-1}{2016}$,令 $n=2016$ 即得。

原创命题 2:已知函数 $f(x)=x^n e^x \ln x$。其中 $n \in N^*$,e 为自然对数的底数。证明:$f(x)>-\dfrac{1}{n}$。

【方法一】放缩

证明:当 $x \geq 1$ 时,$f(x) \geq 0 > -\dfrac{1}{n}$;

当 $0<x<1$ 时,

因为 $\ln x<0, 0<e^x<e, x^n>0$,

所以 $f(x)=x^n e^x \ln x > e x^n \ln x$。

令 $g(x)=x^n \ln x, x \in (0,1)$,则 $g'(x)=n x^{n-1}\left(\ln x+\dfrac{1}{n}\right)$,

令 $g'(x)=0$ 得 $x=\mathrm{e}^{-\frac{1}{n}}$,

所以当 $x\in\left(0,\mathrm{e}^{-\frac{1}{n}}\right)$ 时,$g'(x)<0$;当 $x\in\left(\mathrm{e}^{-\frac{1}{n}},1\right)$ 时,$g'(x)>0$,

所以 $g(x)$ 在 $\left(0,\mathrm{e}^{-\frac{1}{n}}\right)$ 上单调递减,在 $\left(\mathrm{e}^{-\frac{1}{n}},1\right)$ 上单调递增。

所以 $g(x)\geqslant g\left(\mathrm{e}^{-\frac{1}{n}}\right)=-\dfrac{\mathrm{e}^{-1}}{n}$,$f(x)>\mathrm{e}g(x)\geqslant-\dfrac{1}{n}$。

综上,$f(x)>-\dfrac{1}{n}$ 成立。

【方法二】构造 2 个函数

证明: 当 $x\geqslant1$ 时,$f(x)\geqslant0>-\dfrac{1}{n}$;

当 $0<x<1$ 时,要证 $f(x)=x^n\mathrm{e}^x\ln x>-\dfrac{1}{n}$,即证 $=x^n\ln x>-\dfrac{1}{n}\mathrm{e}^{-x}$(此化

简极其关键),令 $g(x)=x^n\ln x,x\in(0,1)$,则 $g'(x)=nx^{n-1}\left(\ln x+\dfrac{1}{n}\right)$,

所以当 $x\in\left(0,\mathrm{e}^{-\frac{1}{n}}\right)$ 时,$g'(x)<0$;当 $x\in\left(\mathrm{e}^{-\frac{1}{n}},1\right)$ 时,$g'(x)>0$,

所以 $g(x)\geqslant g\left(\mathrm{e}^{-\frac{1}{n}}\right)=-\dfrac{\mathrm{e}^{-1}}{n}$。

令 $h(x)=-\dfrac{1}{n}\mathrm{e}^{-x}<-\dfrac{\mathrm{e}^{-1}}{n}$,则 $g(x)>h(x)\Rightarrow f(x)\geqslant-\dfrac{1}{n}$。

原创命题 3: 已知自变量为 x 的函数 $f_n(x)=n(\ln x-\ln n)-\dfrac{\mathrm{e}^x}{\mathrm{e}^n}+\dfrac{1}{2^{n-1}}+1$

的极大值点为 $x=P_n,n\in N^*$,$\mathrm{e}=2.718\cdots$,为自然对数的底数。

(1)若 $n=1$,证明:$f_1(x)$ 有且仅有 2 个零点;

(2)若 $x_1,x_2,x_3,\cdots,x_n$ 为任意正实数,证明:$\displaystyle\sum_{i=1}^{n}[f_i(x_i)P_i]<4$。

证明: (1)由题知 $f_1(x)=\ln x-\mathrm{e}^{x-1}+2$,

所以 $f_1'(x)=\dfrac{1}{x}-e^{x-1}$,

令 $g(x)=\dfrac{1}{x}-e^{x-1}$, 则 $g'(x)=-\dfrac{1}{x^2}-e^{x-1}<0$,

所以 $f'(x)$ 在 $(0,+\infty)$ 上单调递减,又因为 $f_1'(1)=\dfrac{1}{x}-e^{x-1}=0$,

所以 $x\in(0,1),f_1'(x)>0;x\in(1,+\infty),f_1'(x)<0$,

所以 $f_1(x)$ 在 $(0,1)$ 上单调递增,在 $(1,+\infty)$ 上单调递减,

$f_1(x)\leqslant f_1(1)=1$,

又因为 $f_1(e^{-2})=-e^{e^{-2}-1}<0,f_1(e^2)=4-e^{e^2-1}<4-e^{2^2-1}=4-e^3<4-2^3=-4<0$,

所以 $f_1(x)$ 在 $(0,1)$ 和 $(1,+\infty)$ 上各恰有 1 个零点,即 $f_1(x)$ 有且仅有 2 个零点。

(2)由题知 $f_n'(x)=\dfrac{n}{x}-e^{x-n}$,

因为 $f_n'(n)=\dfrac{n}{n}-e^{n-n}=0$, 所以 $x\in(0,n),f_n'(x)>0;x\in(n,+\infty)$,

$f_n'(x)<0$, 故 $f_n(x)$ 在 $(0,n)$ 上单调递增,在 $(n,+\infty)$ 上单调递减;

因此 $P_n=n$ 且 $f_n(x)\leqslant f_n(n)=\dfrac{1}{2^{n-1}}$,

所以 $\displaystyle\sum_{i=1}^{n}f_i(x_i)P_i\leqslant\sum_{i=1}^{n}\left(\dfrac{i}{2^{i-1}}\right)$,

记 $\displaystyle\sum_{i=1}^{n}\left(\dfrac{i}{2^{i-1}}\right)$ 为 W_n, 则 $W_n=\dfrac{1}{2^0}+\dfrac{2}{2^1}+\dfrac{3}{2^2}+\cdots+\dfrac{n}{2^{n-1}}$,

$\dfrac{W_n}{2}=\dfrac{1}{2^1}+\dfrac{2}{2^2}+\dfrac{3}{2^3}+\cdots+\dfrac{n-1}{2^{n-1}}+\dfrac{n}{2^n}$,

$=1+\dfrac{1}{2}+\dfrac{1}{2^2}+\cdots+\dfrac{1}{2^{n-1}}-\dfrac{n}{2^n}$

$$= \frac{1 \times \left(1 - \frac{1}{2^n}\right)}{1 - \frac{1}{2}} - \frac{n}{2^n}$$

$$= 2 - \frac{n+2}{2^n}$$

所以 $W_n = 4 - \frac{n+2}{2^{n-1}} < 4$,

因此 $\sum_{i=1}^{n} f_i(x_i) P_i \leqslant \sum_{i=1}^{n} \left(\frac{n}{2^{n-1}}\right) < 4$, 即 $\sum_{i=1}^{n} [f_i(x_i) P_i] < 4$。

原创命题 4: 已知函数 $f(x) = \sin x + \frac{x^2}{2} - \ln(1+x)$。

(1)证明：$f(x) \geqslant 0$;

(2)数列 $\{a_n\}$ 满足：$0 < a_1 < \frac{1}{2}$, $a_{n-1} = f(a_n)(n \in N^*)$。

（Ⅰ）证明：$0 < a_n < \frac{1}{2}(n \in N^*)$;

（Ⅱ）证明：$\forall n \in N^*$, $a_{n-1} < a_n$。

证明: (1)由题意知 $f'(x) = \cos x + x - \frac{1}{1+x}$, $x \in (-1, +\infty)$,

当 $x \in (-1, 0)$ 时, $f'(x) < 1 + x - \frac{1}{1+x} < x < 0$, 所以 $f(x)$ 在区间 $(-1, 0)$ 上单调递减;

当 $x \in (0, +\infty)$ 时, 令 $g(x) = f'(x)$, $g'(x) = 1 + \frac{1}{(1+x)^2} - \sin x > \frac{1}{(1+x)^2} > 0$, $g(x)$ 在区间 $(0, +\infty)$ 上单调递增, 因此 $g(x) > g(0) = 0$,

故当 $x \in (0, +\infty)$ 时, $f'(x) > 0$, 所以 $f(x)$ 在区间 $(0, +\infty)$ 上单调递增。

因此当 $x \in (-1, +\infty)$ 时, $f(x) \geqslant f(0) = 0$,

所以 $f(x) \geqslant 0$。

(2)（Ⅰ）由(1)知,$f(x)$ 在区间 $\left(0,\dfrac{1}{2}\right)$ 上单调递增,$f(x) \geqslant f(0)=0$,

因为 $\left(\dfrac{3}{2}\right)^8 = \left(1+\dfrac{1}{2}\right)^8 = 1+\dfrac{1}{2}C_8^1 + \dfrac{1}{4}C_8^2 + \cdots > 1+4+7 = 12 > e$,

故 $1-8\ln\dfrac{3}{2} = \ln e - \ln\left(\dfrac{3}{2}\right)^8 < 0$,

所以 $f(x) < f\left(\dfrac{1}{2}\right) = \sin\dfrac{1}{2} + \dfrac{1}{8} - \ln\dfrac{3}{2} < \sin\dfrac{\pi}{6} + \dfrac{1}{8} - \ln\dfrac{3}{2}$

$$= \dfrac{1}{2} + \dfrac{1}{8}\left(1-8\ln\dfrac{3}{2}\right) < \dfrac{1}{2},$$

因此当 $x \in \left(0,\dfrac{1}{2}\right)$ 时,$0 < f(x) < \dfrac{1}{2}$,

又因为 $a_1 \in \left(0,\dfrac{1}{2}\right)$,所以

$a_n = f(a_{n-1}) = f(f(a_{n-2})) = \cdots = f(f(\cdots f(a_1)\cdots)) \in \left(0,\dfrac{1}{2}\right)$,

（Ⅱ）函数 $h(x) = f(x) - x\left(0 < x < \dfrac{1}{2}\right)$,则

$h'(x) = f'(x) - 1 = x + \cos x - 1 - \dfrac{1}{1+x}$,

令 $\varphi(x) = h'(x)$,则 $\varphi'(x) = g'(x) > 0$,

所以 $\varphi(x)$ 在区间 $\left(0,\dfrac{1}{2}\right)$ 上单调递增;

因此 $h'(x) = \varphi(x) \leqslant \varphi\left(\dfrac{1}{2}\right) = \dfrac{1}{2} + \cos\dfrac{1}{2} - 1 - \dfrac{2}{3} = \cos\dfrac{1}{2} - \dfrac{7}{6} < 0$,

所以 $h(x)$ 在区间 $\left(0,\dfrac{1}{2}\right)$ 上单调递减,$h(x) < h(0) = 0$,

因此 $a_{n-1} - a_n = f(a_n) - a_n = g(a_n) < 0$。

所以 $\forall n \in N^*, a_{n-1} < a_n$。

　　行文至此,笔者不禁心潮澎湃。纵然个人水平有限,仍拒不妥协于"题海战术"。夜静更阑的魂牵梦萦,百转千回的上下求索,日渐凝聚成册。不敢妄称毕生心血,但求十余载勤恳耕耘无愧于心。"四步曲问题环"绝非纸上谈兵,而是先进理论指导下的疾风劲草、烈火真金。故敢竭鄙诚。

第三章　多角度解题研究示例

　　一道数学题往往有多种解法,简单地堆积题目与方法显然是不够的。我们要善于多角度解题,更要善于总结方法规律,提炼本质内涵。如顺向与逆向的命题揭秘、巧法与通法的归纳总结、正解与误解的对比分析等。

一、逆向解题

(一) 逆向解题示例一

问题 1:已知$\{a_n\}$中,$a_{n+1}=2S_n$,$a_1=1$,求 a_n 及 S_n。

【方法一】消"a_n":由 $a_{n+1}=2S_n$,$a_n=2S_{n-1}$ 相减得 $a_{n+1}-a_n=2a_n\,(n\geqslant 2)$,得 $a_{n+1}=3a_n\,(n\geqslant 2)$。以下略!

【方法二】消"S_n":$a_{n+1}=2S_n\Rightarrow S_{n+1}-S_n=2S_n\Rightarrow S_{n+1}=3S_n$。以下略!

　　命题揭秘:此题的"命题灵感"为由一个等比数列开始,"若$\{S_n\}$为首项为 1, 公比为 3 的等比数列",将其形式向"a_n 与 S_n"关系的方向发展。经代数变形不难有:$S_{n+1}=3S_n$, 得 $S_n+a_{n+1}=3S_n$ 即 $a_{n+1}=2S_n$。将上述过程逆向表述即为本题!

探究1：

我们如果以"$\left\{\dfrac{1}{S_n}\right\}$为首项，公差为1的等差数列"为命题灵感呢？

由"命题灵感"出发易知关系$\dfrac{1}{S_n}-\dfrac{1}{S_{n-1}}=1$，向$a_n$与$S_n$的方向发展得

$\dfrac{1}{S_n}-\dfrac{1}{S_n-a_n}=1$，整理得$\dfrac{a_n}{a_nS_n-S_n^2}=1$。

题目：$a_n=1$，$\dfrac{a_n}{a_nS_n-S_n^2}=1(n\geq2)$，证明$\left\{\dfrac{1}{S_n}\right\}$为等差数列，并求$a_n$。

该构想与2008年高考山东卷的题目如出一辙！

(2008山东，理19、文20，节选) $b_1=a_1=1$。S_n为数列$\{b_n\}$的前n项

和，且满足$\dfrac{2b_n}{b_nS_n-S_n^2}=1$ $(n\geq2)$。证明数列$\left\{\dfrac{1}{S_n}\right\}$成等差数列，并求数列

$\{b_n\}$的通项公式。

探究2：

以"$\{\lg(1+a_n)\}$为公比为2的等比数列"为灵感出发可得：

$\lg(1+a_{n+1})=2\lg(1+a_n)$，

所以$\lg(1+a_{n+1})=\lg(1+a_n)^2\Rightarrow1+a_{n+1}=(1+a_n)^2\Rightarrow a_{n+1}=a_n^2+2a_n$。

此过程逆推，便"遇见"2006年高考山东卷(理科)！

(2006山东，理22，节选) 已知$a_1=2$，点(a_n,a_{n+1})在函数$f(x)=x^2+2x$的图像上，其中$n=1,2,3,\cdots$。证明数列$\{\lg(1+a_n)\}$是等比数列。

探究3：

以"$\{a_{n+1}-a_n-1\}$为公比为$\dfrac{1}{2}$的等比数列"为灵感出发可得：

$$\frac{a_{n+1}-a_n-1}{a_n-a_{n-1}-1}=\frac{1}{2}\Rightarrow 2(a_{n+1}-a_n-1)=a_n-a_{n-1}-1\Rightarrow 2a_{n+1}-a_n=2a_n-a_{n-1}+1,$$

所以$\{2a_{n+1}-a_n\}$为等差数列。

若我们命其$a_1=\frac{1}{2}$，$a_2=\frac{3}{4}$可得$2a_{n+1}-a_n=n$。

此过程逆推，便"遇见"2006年高考山东卷(文科)！

(2006 山东，文 22，节选)已知数列$\{a_n\}$中，$a_1=\frac{1}{2}$，点$(n,2a_{n+1}-a_n)$在直线$y=x$上，其中$n=1,2,3,\cdots$。令$b_n=a_{n+1}-a_n-1$，求证数列$\{b_n\}$是等比数列。

探究 4：

以"$\{a_n+1\}$是等比数列"为灵感出发可得：

$$a_{n+1}+1=2(a_n+1)\Rightarrow a_{n+1}=2a_n+1\Rightarrow S_{n+1}-S_n=2(S_n-S_{n-1})+1\Rightarrow$$

$S_{n+1}-2S_n-(S_n-2S_{n-1})=1$。之后合理设置的$a_1,a_2$值，即得$S_{n+1}=2S_n+n+5$。

此过程逆推，便"遇见"2005年高考山东卷！

(2005 山东，文理 21，节选)已知数列$\{a_n\}$的首项$a_1=5$，前n项和为S_n，且$S_{n+1}=S_n+n+5(n\in N*)$。证明数列$\{a_n+1\}$是等比数列。

(二) 逆向解题示例二

(2012 山东，文 17，节选)在$\triangle ABC$中，内角所对的边分别为a，b，c，已知$\sin B(\tan A+\tan C)=\tan A\tan C$。求证：$a,b,c$成等比数列。

命题揭秘：

若a,b,c成等比数列：

$$\Rightarrow \sin^2 B=\sin C\sin A$$

$$\Rightarrow \sin B=\frac{\sin C\sin A}{\sin B}=\frac{\sin C\sin A}{\sin(A+C)}=\frac{\sin C\sin A}{\sin A\cos C+\cos C\sin A}=\frac{\tan C\tan A}{\tan A+\tan C}$$

$\Rightarrow \sin B(\tan A + \tan C) = \tan C \tan A$

命题完成！

(三)逆向解题示例三

(2011 山东，文理 17，节选) 在 $\triangle ABC$ 中，内角 A，B，C 的对边分

别为 a，b，c，已知 $\dfrac{\cos A - 2\cos C}{\cos B} = \dfrac{2c - a}{b}$，求 $\dfrac{\sin C}{\sin A}$ 的值。

命题揭秘：

若 " $\dfrac{\sin C}{\sin A} = 2$ " 成立：

$\Rightarrow \sin C = 2\sin A$

$\Rightarrow \sin(A + B) = 2\sin(B + C)$

$\Rightarrow \sin A \cos B + \cos A \sin B = 2\sin B \cos C + 2\cos B \sin C$

$\Rightarrow \cos B(\sin A - 2\sin C) = \sin B(2\cos C - \cos A)$

$\Rightarrow \dfrac{2\cos C - \cos A}{\cos B} = \dfrac{\sin A - 2\sin C}{\sin B}$

$\Rightarrow \dfrac{2\cos C - \cos A}{\cos B} = \dfrac{a - 2c}{b}$

上述" $\Rightarrow$ "均为" $\Leftrightarrow$ "。

命题成功！

我们不难发现：朴素自然的"命题灵感"发散可得到一系列丰富的数列综合题。"逆向解题"是揭秘命题的钥匙，命制"一串"题的价值远大于解决一道题。

二、一题多解

关于 2007 年高考数学山东卷理科 22 题(3)问的解题研究如下。

(2007 山东，理 22，节选) 证明对任意的正整数 n，不等式

$\ln\left(1+\dfrac{1}{n}\right)>\dfrac{1}{n^2}-\dfrac{1}{n^3}$ 都成立。

(一)"构造单函数"角度研究

分析：令 $x=\dfrac{1}{n}\in(0,1]$，即证明 $\ln(1+x)>x^2-x^3,x\in(0,1]$，即证明

$\ln(1+x)-x^2+x^3>0,x\in(0,1]$。

【方法一】构造单函数之"观察导数范围"

证明：令 $F(x)=\ln(1+x)-x^2+x^3$，则 $F'(x)=\dfrac{1}{1+x}+3x^2-2x,x\in(0,1]$，

易求：$\dfrac{1}{1+x}\geqslant\dfrac{1}{2}$，$3x^2-2x\geqslant-\dfrac{1}{3},x\in(0,1]$，

所以 $F'(x)>0,x\in(0,1]$，所以 $F(x)$ 在 $(0,1]$ 上单调递增且连续，所以 $F(x)>F(0)=0$。

得证！

【方法二】构造单函数之"观察导数结构"

证明：令 $F(x)=\ln(1+x)-x^2+x^3$，

则 $F'(x)=\dfrac{1}{1+x}+3x^2-2x=\dfrac{3x^3+x^2-2x+1}{1+x}=\dfrac{3x^3+(x-1)^2}{1+x}>0,x\in(0,1]$，

所以 $F'(x)>0,x\in(0,1]$，$F(x)$ 在 $(0,1]$ 上单调递增且连续，所以 $F(x)>F(0)=0$。

得证！

【方法三】构造单函数之"二次求导+虚拟设根"

证明：令 $F(x)=\ln(1+x)-x^2+x^3$，

则 $F'(x)=\dfrac{1}{1+x}+3x^2-2x=\dfrac{3x^3+x^2-2x+1}{1+x},x\in(0,1]$，

再令 $G(x)=3x^3+x^2-2x+1$，

则 $G'(x)=9x^2+2x-2,x\in(0,1]$，$G'(x)$ 在 $(0,1)$ 上单调递增，

又因为 $G'(0)<0,G'(1)>0$，

所以存在唯一 $x_0\in(0,1)$ 使得 $G'(x_0)=9x_0^2+2x_0-2=0$，即 $1=\dfrac{9}{2}x_0^2+x_0$，

且 $G(x_0)$ 在 $(0,x_0)$ 上单调递减，在 $(x_0,1)$ 上单调递增，

所以 $G(x)\geqslant G(x_0)=3x_0^3+2x_0^2-2x_0+1=\dfrac{x_0}{3}\left(\dfrac{29}{2}x_0-1\right)$。

此时发现 $x\in(0,1)$ 时，$\dfrac{29}{2}x_0-1>0$ 不恒成立！这是虚拟设根的常

见问题,压缩范围有时很难！

此时又有 $G'(x)$ 在 $(0,1)$ 上单调递增，$G\left(\dfrac{1}{3}\right)<0,G\left(\dfrac{1}{2}\right)>0$

$\Rightarrow x_0\in\left(\dfrac{1}{3},\dfrac{1}{2}\right)\Rightarrow\dfrac{29}{2}x_0-1>0\Rightarrow G(x)>0$，

所以 $F'(x)>0,x\in(0,1],F(x)$ 在 $(0,1]$ 上单调递增且连续，

所以 $F(x)>F(0)=0$。

得证！

【方法四】构造单函数之"彻底解放核心元素"

证明: 令 $x=1+\dfrac{1}{n}\in(1,2]$，即证明 $\ln x>-x^3+4x^2-5x+2$。

路径一: 令 $F(x)=\ln x+x^3-4x^2+5x+2,F'(x)=\dfrac{1}{x}+3x^2-8x+5$，

又 $\dfrac{1}{x}\geqslant\dfrac{1}{2},3x^2-8x+5\geqslant-\dfrac{1}{3}$，

所以 $F'(x)>0,F(x)$ 在 $(1,2]$ 上单调递增且连续，

所以 $F(x)>F(1)=0$，

得证！

路径二: $x\in(0,1],F'(x)=\dfrac{3x^3-8x^2+5x+1}{x}=\dfrac{x(x-1)(3x-5)+1}{x}>0$，下

略。

路径三：$F'(x)=\dfrac{1}{x}+3x^2-8x+5=\dfrac{3x^3-8x^2+5x+1}{x}$。

下面二次求导+虚拟设根，略。

注："构造单函数"是函数与导数题目最常规的思考角度，对付简单题不费吹灰之力。其中虚拟设根看似"通法"，但遇到难题可能举步维艰！方法一与方法二所要求的观察能力就是分析问题、解决问题的体现。

(二)"放缩"角度研究

要证明 $\ln(1+x)>x^2-x^3,x\in(0,1]$，即证明 $\ln(1+x)-x^2+x^3,x\in(0,1]$。

注：如果构造单函数解题受阻，建议考虑放缩，这是一种"低成本"的"化难为易"的代数手段！

【方法五】放缩之"借助常用结论放缩"

证明：先证明 $\ln x\geqslant1-\dfrac{1}{x},x>0$ 等号当且仅当 $x=1$ 时取(证明略)。

故原问题转化为证明 $\ln(1+x)\geqslant1-\dfrac{1}{1+x}>x^2-x^3$，

下面证明 $1-\dfrac{1}{1+x}>x^2-x^3,x\in(0,1]$，即证明 $x^3-x+1>0,x\in(0,1]$。

下略！

注：行之有效的放缩结论能使骇人的超越函数"去超越化"。建议学习者留心积累，灵活应用(注意附以证明)，以简御繁。

资料卡:

常用的放缩结论

$e^x \geqslant x+1$

$e^x \leqslant \dfrac{1}{1-x}(x<1)$

$\ln x \geqslant 1-\dfrac{1}{x}(x>0)$

$\ln x \leqslant x-1(x>0)$

$\sin x \leqslant 1$

$x^n \geqslant n\ln x+1(x>0)$

$\ln x \leqslant \dfrac{x^n}{n}-\dfrac{1}{n}(x>0)$

$e^x \geqslant \ln(x+1)+1(x>-1)$

$e^x \geqslant \ln x+2(x>0)$

$\sin x \leqslant x(x \geqslant 0)$

【方法六】放缩之"分析放缩"

证明: 因为 $x^2-x^3=x(x-x^2) \leqslant x-x^2$,

故原问题转化为证明 $\ln(x+1)>x-x^2 \geqslant x^2-x^3$,

下面证明 $\ln(x+1)>x-x^2, x \in (0,1]$, 即证明 $\ln(1+x)-x+x^2>0, x \in (0,1]$。

令 $F(x)=\ln(1+x)-x+x^2, F'(x)=\dfrac{2x^2+x}{1+x}>0, x \in (0,1]$,

所以 $F(x)$ 在 $(0,1]$ 上单调递增, 所以 $F(x)>F(0)=0$。

注: 该种放缩需要观察、尝试甚至碰壁。请思考, 放缩设想 $x^2-x^3=x^2(1-x) \leqslant 1-x$ 可行吗?

【方法七】放缩之"双向放缩"

证明：先证明 $\ln x \geqslant 1 - \dfrac{1}{x}(x>0)$ 等号当且仅当 $x=1$ 时取(证明略)

又因为 $x^2 - x^3 = x(x-x^2) \leqslant x - x^2$，

故原问题转化为证明：$\ln(x+1) \geqslant 1 - \dfrac{1}{1+x} > x - x^2 \geqslant x^2 - x^3$。

即证明 $x \in (0,1], 1 - \dfrac{1}{1+x} > x - x^2$。

即证明 $x \in (0,1], 1 > 1 - x^2$。放缩至此，柳暗花明、轻而易举！

注：多次放缩有一定的"风险性"，放缩过度会导致前功尽弃，一招不慎，满盘皆输。故应多加尝试、用心总结，方能愈发得心应手。

(三)"分离"角度研究

证明：$\ln(x+1) > x^2 - x^3, x \in (0,1]$。

如果构造单函数与放缩均受阻，建议考虑分离构造多函数！该思路是"巧法"而非"通法"，若用于简单题目，则往往是"杀鸡用牛刀"，徒劳无功。不过对于高难度问题，尤其是在导函数不同步的情况下，该"法宝"却能披荆斩棘！

【方法八】分离之"分离构造 2 个函数"

证明：欲证明 $\ln(x+1) > x^2 - x^3, x \in (0,1], \dfrac{\ln(1+x)}{x} > x - x^2, x \in (0,1]$

即证明(此处变形使不等式左右两侧的函数较"均衡")。

令 $m(x) = \dfrac{\ln(1+x)}{x}, x \in (0,1]$，则 $m'(x) = \dfrac{\dfrac{x}{1+x} - \ln(1+x)}{x^2}$，

令 $M(x) = \dfrac{x}{1+x} - \ln(1+x)$，则 $M'(x) = \dfrac{1}{(1+x)^2} - \dfrac{1}{1+x} < 0$，

所以 $M(x)$ 在 $(0,1)$ 上单调递减，

所以 $M(x)<M(0)=0\Rightarrow m'(x)<0\Rightarrow m(x)$ 在 $(0,1)$ 上单调递减，

所以 $m(x)\geqslant m(1)=\ln2$。

注：此题难度较全国卷大幅降低，"分离"的威力尚未极致演绎，但也足以"春风十里"。

【方法九】分离之"分离构造 3 个函数"

证明：只需证明 $\ln(1+x)>x\ln2>x^2-x^3$，$x\in(0,1]$（$x\ln2$ 是从天而降的"如来神掌"吗？）

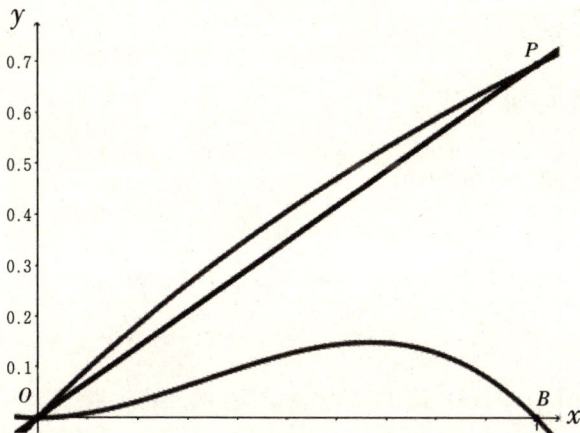

图 3-1

分别取区间 $(0,1]$ 的两个端点为函数 $y=\ln(1+x)$ 上的两点 O,P 的横坐标，则线段 $OP=x\ln2$！

下面分别证明 $\ln(1+x)>x\ln2$ 与 $x\ln2>x^2-x^3$，$x\in(0,1]$

令 $m(x)=\ln(1+x)-x\ln2$，$x\in(0,1]$，则 $m'(x)=\dfrac{1}{1+x^2}-\ln2$，

因为 $m'(x)$ 在 $(0,1)$ 上单调递减，$m'(0)>0$，$m'(1)<0$ 所以存在唯一，$x_0\in(0,1)$，$m(x_0)=0$，

当时，$x\in(0,x_0)$ 时，$m'(x)>0$；$x\in(x_0,1)$ 时，$m'(x)<0$。

所以 $m(x)$ 在 $(0,x_0)$ 上单调递增，在 $(x_0,1)$ 上单调递减。

又 $m(0)=0,m(1)=0\Rightarrow m(x)\geqslant 0$；

要证明 $x\ln 2>x^2-x^3,x\in(0,1]$，即证明 $\ln 2>x-x^2,x\in(0,1]$。该式易证，过程略！

注1：还可取 $y=x^2-x^3$ 过原点的切线作为"中间函数"，即

设切点 (t,t^2-t^3)，则 $2t-3t^2=\dfrac{t^2-t^3}{t},t\in(0,1],t=\dfrac{1}{2}$。故即证：

$\ln(1+x)>\dfrac{1}{4}x\geqslant x^2-x^3$。证明略！

注2：由数形结合知 $\ln(x+1)\geqslant kx\geqslant x^2-x^3,x\in(0,1]$，对于

$k\in\left[\dfrac{1}{4},\ln 2\right]$ 均可证明成立！

(四)"特殊值"角度研究

"证明：$\ln(1+x)>x^2-x^3,x\in(0,1]$"

当较常规的构造单函数、放缩、分离均不奏效时，我们可以考虑"特殊值"角度。

【方法十】特殊值之"利用特殊范围构造'比翼双飞'"

分析：令 $f(x)=\ln(1+x),g(x)=x^2-x^3$，

$f'(x)=\dfrac{1}{1+x}\geqslant\dfrac{1}{2},g'(x)=-3x^2+2x\leqslant\dfrac{1}{3}$。

下面是"见证奇迹的时刻"：我们在左右各减去一个正比例函数

$y=kx,k\in\left[\dfrac{1}{3},\dfrac{1}{2}\right]$ 请想象会发生什么。

不等号左边是增函数，最小值恰为 0；右边是减函数，最大值恰为 0。这个特殊值"0"至关重要！

证明：下面证明对 $k\in\left[\dfrac{1}{3},\dfrac{1}{2}\right],x\in(0,1],\ln(x+1)-kx>x^2-x^3-kx$

令 $f(x)=\ln(1+x)-kx,g(x)=x^2-x^3-kx$，

则 $f'(x)=\dfrac{1}{1+x}-k\geqslant0,g'(x)=-3x^2+2x-k\leqslant0,$

所以 $f(x)$ 在 $(0,1]$ 上单调递增，$f(x)>f(0)=0;g(x)$ 在 $(0,1]$ 上单调递减，$g(x)<g(0)=0,$

所以 $\ln(1+x)-kx>x^2-x^3-kx$。

注：是否有"无中生有"的奇妙感觉？显然这不可能是"通法"！

【方法十一】特殊值之"特殊点尝试"

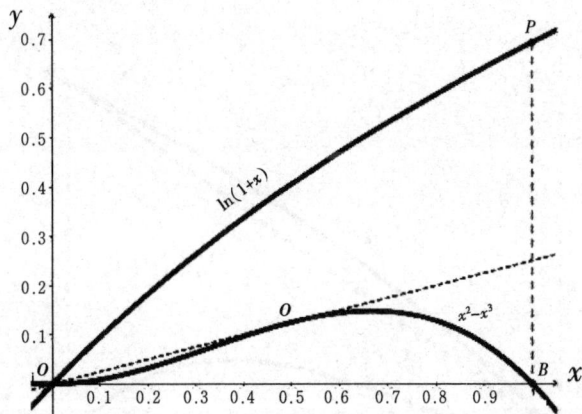

图 3-2

特殊值：$y=x^2-x^3$ 恰过 $Q\left(\dfrac{1}{2},\dfrac{1}{8}\right)$ 且 $k_{OQ}=\dfrac{1}{4}=y'\big|_{x=\frac{1}{2}}$，故直线 OQ 与曲线 $y=x^2-x^3$ 相切！

如此一来，暗度陈仓，原问题转化为证明 $\ln(1+x)>\dfrac{1}{4}x>x^2-x^3$，$x\in(0,1]$。证明略！

注：在全国卷中很多题目都需要甚至高度依赖一些"特殊值"，这就加大了题目的灵活性与难度。面对难题若无从下手，可以考虑从题目中寻找"特殊值"！

(五)"数形结合"角度研究

"证明：$\ln(1+x) > x^2 - x^3, x \in (0,1]$"

【方法十二】数形结合之"构造斜率"

证明： 欲证明本题，即证明$\dfrac{\ln(1+x)}{x} > x - x^3, x \in (0,1]$(外显形态与方法八类似)。

注意到$k = \dfrac{\ln(1+x)}{x} = \dfrac{\ln(1+x) - 0}{x - 0}$的几何意义(与原点连线的斜率)!

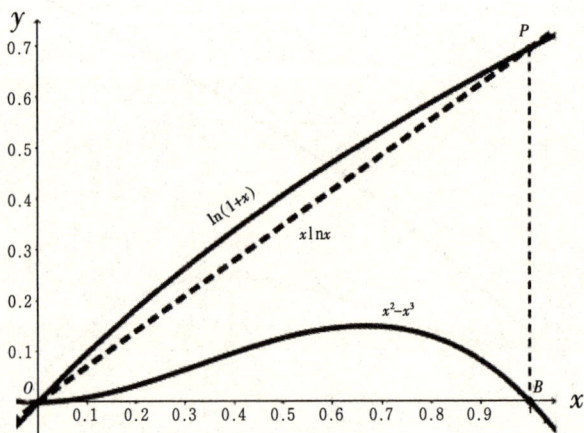

图 3-3

由函数$y = \ln(1+x)$的性质易知

$k = \dfrac{\ln(1+x)}{x} = \dfrac{\ln(1+x) - 0}{x - 0} \geqslant \dfrac{\ln(1+1) - 0}{1 - 0} = \ln 2$，故只需证明$\ln 2 > x - x^2$，$x \in (0,1]$。

注1： 如果时间紧急，该法不失为"丢卒保帅"的权宜之策。

注2： 笔者曾经一度以为这是一种"通法"，实践证明此法面对很多题目会束手无策!

注3： 方法八是一种代数构造，此法为几何构造，二者本质不同!

(六)"正整数 n"的角度研究

"证明:$\ln\left(1+\dfrac{1}{n}\right)>\dfrac{1}{n^2}-\dfrac{1}{n^3}$,$n\in N*$"

【方法十三】正整数 n 之"借助函数放缩"

证明: 先证明 $\ln x\geqslant 1-\dfrac{1}{x}$(过程略)。即证

$$\ln\left(1+\dfrac{1}{n}\right)\geqslant 1-\dfrac{1}{1+\dfrac{1}{n}}>\dfrac{1}{n^2}-\dfrac{1}{n^3}$$,即证 $n^3>n^2-1$,下略。

【方法十四】正整数 n 之"分析构造放缩"

证明: 因为 $\dfrac{1}{n^2}-\dfrac{1}{n^3}=\dfrac{n-1}{n^3}<\dfrac{n-1}{n^3-n}=\dfrac{1}{n(n+1)}$,下面尝试证明

$$\ln\left(1+\dfrac{1}{n}\right)>\dfrac{1}{n(n+1)}$$;

即证明 $\ln(n+1)-\ln n>\dfrac{1}{n}-\dfrac{1}{n+1}\Leftrightarrow\ln(n+1)+\dfrac{1}{n+1}>\ln n+\dfrac{1}{n}$,

即证明函数 $f(x)=\ln x+\dfrac{1}{x}$,在 $[1,+\infty)$ 上单调递增。

由 $f'(x)=\dfrac{x-1}{x^2}\geqslant 0$,搞定!

注: 与正整数 n 有关的不等式证明常见的思路有数学归纳法、数列求和法和放缩法。此题并非"典型"正整数 n 的问题,因为 n 全出现在分母上,导致数学归纳法与数列求和的使用举步维艰!

第四章　多层类变式研究示例

目前各级各类模拟题将应试曲解为"题海",看似林林总总、五花八门,实则借鉴改编、本同末离。如果囿于其中,亦步亦趋,不仅浪费时间,更冲淡了高考重点。因此本书革故鼎新,以期引领广大师生跳出题海、高效学习。

题目的变式充分展示了命题的魅力与价值。恰恰因为其原创性,该类题目凤毛麟角。因此,提升变式命题能力有助于"畅游题海",避免"深陷漩涡"。

(2017 全国 I,理 21)已知函数 $f(x)=ae^{2x}+(a-2)e^x-x$。

(1)讨论 $f(x)$ 的单调性;

(2)若 $f(x)$ 有两个零点,求 a 的取值范围。

变式命题 1(高三用):已知函数 $f(x)=e^{2x}-ae^x-a^2x$。

(1)讨论函数 $f(x)$ 的单调性及函数 $f(x)$ 的零点的个数;

(2)若 $a>0,x\in(a,+\infty)$,证明:$e^{2x}-x^2+a(x-e^x)+a^2(\ln x-x)\geqslant 0$。

注:本题巧妙改造题干与设问,难度加大。

(1)**解**:由题知 $f'(x)=(e^x-a)(2e^x+a)$,

当 $a=0$ 时, $f'(x)=2e^{2x}>0$,故 $f(x)$ 在 R 上单调递增;

当 $a>0$ 时, $f(x)$ 在 $(-\infty,\ln a)$ 上单调递减,在 $(\ln a,+\infty)$ 上单调递增;

当 $a<0$ 时, $f(x)$ 在 $\left[-\infty,\ln\left(-\dfrac{a}{2}\right)\right]$ 上单调递减, 在 $\left[\ln\left(-\dfrac{a}{2}\right),+\infty\right]$ 上单调递增。

①若 $f(x)$ 无零点。

当 $a=0$ 时, $f'(x)=e^{2x}>0$ 无零点;

当 $a>0$ 时, 由(1)知: $f(\ln a)>0$, 解得 $0<a<1$;

当 $a<0$ 时, 由(1)知: $f\left[\ln\left(-\dfrac{a}{2}\right)\right]>0$, 解得 $-2e^{\frac{3}{4}}<a<0$;

故当 $-2\sqrt[4]{e^3}<a<1$ 时, $f(x)$ 无零点。

②若 $f(x)$ 有 1 个零点。

当 $a>0$ 时, 由(1)知 $f(\ln a)=0$, 解得 $a=1$;

当 $a<0$ 时, 由(1)知 $f\left[\ln\left(-\dfrac{a}{2}\right)\right]=0$, 解得 $a=-2\sqrt[4]{e^3}$;

故当 $a=1$ 或 $a=-2\sqrt[4]{e^3}$ 时, $f(x)$ 有 1 个零点。

③若 $f(x)$ 有 2 个零点。

当 $a>0$ 时, 由(1)知 $f(\ln a)=-a^2\ln a<0$, 解得 $a>1$;

又因为 $f(-1)=\dfrac{1}{e^2}-\dfrac{a}{e}+a^2=\dfrac{1-ae+a^2e^2}{e^2}=\dfrac{\left(\dfrac{1}{2}-ae\right)^2+\dfrac{3}{4}}{e^2}>0$,

所以 $f(-1)\cdot f(\ln a)<0$, $f(x)$ 在 $(-1,\ln a)$ 上有 1 个零点。

令 $g(x)=e^x-x, g'(x)=e^x-1$,

当 $x\in(-\infty,0)$ 时, $g'(x)<0, g(x)$ 在 $(-\infty,0)$ 上单调递减;

当 $x\in(0,+\infty)$ 时, $g'(x)>0, g(x)$ 在 $(0,+\infty)$ 上单调递增,

所以 $g(x)\geqslant g(0)=1>0$, 即 $x<e^x$,

所以当 $a>1$ 时, $f(x)>e^{2x}-a^2e^x-a^2e^x=e^{2x}-2a^2e^x=e^x(e^x-2a^2)$,

所以 $f(\ln 3a^2)>3a^4>0$，即 $f(\ln a)\cdot f(\ln 3a^2)<0$，$f(x)$ 在 $(\ln a,\ln 3a^2)$ 上有 1 个零点。

所以当 $a>0$ 时，要使 $f(x)$ 有 2 个零点，则 $a>1$。

当 $a<0$ 时，由(1)知 $f\left[\ln\left(-\dfrac{a}{2}\right)\right]<0$，因此 $a<-2\sqrt[4]{e^3}$，

此时 $f(0)=1-a>0$，所以 $f(0)\cdot f\left[\ln\left(-\dfrac{a}{2}\right)\right]<0$，$f(x)$ 在 $\left[0,\ln\left(-\dfrac{a}{2}\right)\right]$ 上有 1 个零点；

所以当 $a<-2\sqrt[4]{e^3}$ 时，$f(x)>e^{2x}-a^2e^x-a^2e^x=e^x(e^x-2a^2)$，

所以 $f(\ln 2a^2)>2a^4>0$，所以 $f\left[\ln\left(-\dfrac{a}{2}\right)\right]\cdot f(\ln 2a^2)<0$，$f(x)$ 在 $\ln\left[\left(-\dfrac{a}{2}\right),\ln 2a^2\right]$ 上有 1 个零点；

故当 $a<0$ 时，要使 $f(x)$ 有 2 个零点，则 $a<-2\sqrt[4]{e^3}$。

所以当 $a>1$ 或 $a<-2\sqrt[4]{e^3}$ 时，$f(x)$ 有 2 个零点。

综上，当 $-2\sqrt[4]{e^3}<a<1$ 时，$f(x)$ 无零点；

当 $a=1$ 或 $a=-2\sqrt[4]{e^3}$ 时，$f(x)$ 有 1 个零点；

当 $a>1$ 或 $a<-2\sqrt[4]{e^3}$ 时，$f(x)$ 有 2 个零点。

(2)**证明**：由(1)知 $x<e^x$，所以 $\ln x<x$；

由(1)知 $a>0$，所以 $f(x)$ 在 $(\ln a,+\infty)$ 上单调递增，所以
$f(\ln x)<f(x)$，即 $x^2-ax-a^2\ln x<e^{2x}-ae^x-a^2x$，

故 $e^{2x}-x^2+a(x-e^x)+a^2(\ln x-x)>0$。

变式命题 2(高一用)：已知 $f(x)=x^2-ax-a^2\ln x(a\in R)$ 是定义在 $(0,+\infty)$ 上的连续函数，且 $e^x>x$。

(1)当 $x>0$ 时，证明：$x>\ln x$；

(2)当 $a>1$ 时,证明:函数 $f(x)$ 在 $(0,+\infty)$ 上至少存在 2 个零点。

注:本题将高考元素自然地分解至基础年级,巧妙地利用逆命题,合理考查高一所学的零点等内容,同时渗透数学思想方法,由考察知识升华至检验能力。

证明:(1)因为 $e^x>x$,令 $t=e^x>0$,则 $x=\ln t$,所以 $t>\ln t$;当 $x>0$ 时,$\ln x<x$。

(2)当 $a>1$ 时,由(1)知 $f(1)=1-a<0$,

$$f\left(\frac{1}{e}\right)=\frac{1}{e^2}-\frac{a}{e}+a^2=\frac{1-ae+a^2e^2}{e^2}=\frac{\left(\frac{1}{2}-ae\right)^2+\frac{3}{4}}{e^2}>0,$$

所以 $f\left(\frac{1}{e}\right)\cdot f(1)<0$,$f(x)$ 在 $\left(\frac{1}{e},1\right)$ 上至少存在 1 个零点;

又因为 $\ln x<x$,

所以当 $a>1$ 时,$f(x)>x^2-a^2x-a^2x=x(x-2a^2)$,

所以 $f(2a^2)>0$,所以 $f(1)\cdot f(2a^2)<0$,

所以 $f(x)$ 在 $(1,2a^2)$ 上至少存在 1 个零点。

综上,当 $a>1$ 时,$f(x)$ 至少存在 2 个零点。

(2017 全国 Ⅱ,理 21)已知函数 $f(x)=ax^2-ax-x\ln x$ 且 $f(x)\geqslant0$。

(1)求 a;

(2)证明:$f(x)$ 存在唯一的极大值点 x_0,且 $e^{-2}<f(x_0)<2^{-2}$。

变式命题:已知函数 $f(x)=ae^{2x}-ae^x-xe^x(a\geqslant0,e=2.718\cdots,e$ 为自然对数的底数),若 $f(x)\geqslant0$ 对于 $x\in R$ 恒成立。

(1)求实数 a 的值;

(2)证明:$f(x)$ 存在唯一极大值点 x_0,且 $\frac{\ln 2}{2e}+\frac{1}{4e^2}\leqslant f(x_0)<\frac{1}{4}$。

注:本题是将原高考题中的"x"换成"e^x",再经过数值运算设计出来

的。

(1)**解**:由 $f(x)=e^x(ae^x-a-x)\geq 0$ 可得 $g(x)=ae^x-a-x\geq 0$,

因为 $g(0)=0$,所以 $g(x)\geq g(0)$,从而 $x=0$ 是 $g(x)$ 的一个极小值点,

由于 $g'(x)=ae^x-1$,所以 $g'(0)=a-1=0\Rightarrow a=1$,

当 $a=1$ 时,$g(x)=e^x-1-x$,$g'(x)=e^x-1$,

因为当 $x\in(-\infty,0)$ 时,$g'(x)<0$;当 $x\in(0,+\infty)$ 时,$g'(x)>0$,

所以 $g(x)$ 在 $(-\infty,0)$ 上单调递减,在 $(0,+\infty)$ 上单调递增;

所以 $g(x)\geq g(0)=0$,故 $a=1$。

(2)**证明**:当 $a=1$ 时,$f(x)=e^{2x}-e^x-xe^x$,$f'(x)=e^x(2e^x-x-2)$。

令 $h(x)=2e^x-x-2$,则 $h'(x)=2e^x-1$,

因为 $x\in(-\infty,-\ln 2)$,$h'(x)<0$,$h(x)$ 在 $(-\infty,-\ln 2)$ 上为减函数;

$x\in(-\ln 2,+\infty)$,$h'(x)>0$,$h(x)$ 在 $(-\ln 2,+\infty)$ 上为增函数。

由于 $h(-1)<0$,$h(-2)>0$,$h(-1)\cdot h(-2)<0$,所以在 $(-2,-1)$ 上存在 $x=x_0$ 满足 $h(x_0)=0$,

因为 $h(x)$ 在 $(-\infty,-\ln 2)$ 上为减函数,

所以当 $x\in(-\infty,x_0)$ 时,$h(x)>0$,即 $f'(x)>0$, $f(x)$ 在 $(-\infty,x_0)$ 上为增函数;当 $x\in(x_0,-\ln 2)$ 时,$h(x)<0$,即 $f'(x)<0$, $f(x)$ 在 $(x_0,-\ln 2)$ 上为减函数。

因此 $f(x)$ 在 $(-\infty,-\ln 2)$ 上只有一个极大值点 x_0,

由于 $h(0)=0$,且 $h(x)$ 在 $(-\ln 2,+\infty)$ 上为增函数,

所以当 $x\in(-\ln 2,0)$ 时,$h(x)<0$,即 $f'(x)<0$, $f(x)$ 在 $(-\ln 2,0)$ 上为减函数;当 $x\in(0,+\infty)$ 时,$h(x)>0$,即 $f'(x)>0$,$f(x)$ 在 $(0,+\infty)$ 上为增函数。

因此 $f(x)$ 在 $(-\ln 2,+\infty)$ 上只有一个极小值点 0。

综上可知,$f(x)$ 存在唯一的极大值点 x_0,且 $x_0\in(-2,-1)$,

因为 $h(x_0)=0$，所以 $2e^{x_0}-x_0-2=0$，

所以 $f(x_0)=e^{2x_0}-e^{x_0}-x_0e^{x_0}=\left(\dfrac{x_0+2}{2}\right)^2-\left(\dfrac{x_0+2}{2}\right)(x_0+1)=\dfrac{x_0^2+2x_0}{4}$，其中

$x_0\in(-2,-1)$，

因为当 $x_0\in(-2,-1)$ 时，$-\dfrac{x^2+2x}{4}<\dfrac{1}{4}$，所以 $f(x_0)<\dfrac{1}{4}$；因为

$\ln\dfrac{1}{2e}\in(-2,-1)$，所以 $f(x_0)\geqslant f\left(\ln\dfrac{1}{2e}\right)=\dfrac{\ln2}{2e}+\dfrac{1}{4e^2}$。

综上可知，$\dfrac{\ln2}{2e}+\dfrac{1}{4e^2}\leqslant f(x_0)<\dfrac{1}{4}$。

(2018,全国 I,理 19) 设椭圆 $C:\dfrac{x^2}{2}+y^2=1$ 的右焦点为 F，过 F 的直

线 l 与 C 交于 A,B 两点，点 M 的坐标为 $(2,0)$。

(1)当 l 与 x 轴垂直时，求直线 AM 的方程；

(2)设 O 为坐标原点，证明：$\angle OMA=\angle OMB$。

变式命题 1：

已知椭圆 $W:\dfrac{x^2}{a^2}+\dfrac{y^2}{b^2}=1(a>b>0)$ 的离心率 $e=\dfrac{\sqrt{2}}{2}$，点 $\left(-1,-\dfrac{\sqrt{2}}{2}\right)$

在椭圆 W 上。

(1)求椭圆 W 的方程；

(2)若曲线 $l:y=k|x|-2(k>0)$ 与椭圆 W 相交于 A,B,C,D 四点，

$AB/\!/CD$，$|AB|<|CD|$，AD 在 y 轴右侧。证明：直线 AC 与 BD 相交于

定点 E，并求出定点 E 的坐标。

(1)**解：** 由题知 $\dfrac{1}{a^2}+\dfrac{1}{2b^2}=1$，$\dfrac{c}{a}=\sqrt{\dfrac{c^2}{a^2}}=\sqrt{\dfrac{a^2-b^2}{a^2}}=\dfrac{\sqrt{2}}{2}$，所以

$a=\sqrt{2}$，$b=1$，$c=1$，

所以椭圆 W 的方程：$\dfrac{x^2}{2}+y^2=1$。

(2)**证明**：由题意设 $A(x_1,y_1)$，$D(x_2,y_2)$，

结合图形由对称知直线 $AD:y=kx-2$ 与椭圆 W 有两个交点 A，D

由 $\begin{cases} y=kx-2 \\ \dfrac{x^2}{2}+y^2=1 \end{cases}$ 得 $(1+2k^2)x^2-8kx+6=0$，由韦达定理得 $x_1+x_2=\dfrac{8k}{1+2k^2}$，

$x_1x_2=\dfrac{6}{1+2k^2}$，

再由对称知可设该定点为 $E(0,t)$，因为直线 AC 与 BD 相交于 $E(0,t)$，所以 $k_{EA}=k_{EC}$，

又因为 $k_{ED}=-k_{EC}$，所以 $k_{EA}+k_{ED}=0$，

所以

$$k_{EA}+k_{ED}=\dfrac{y_1-t}{x_1}+\dfrac{y_2-t}{x_2}=\dfrac{kx_1-(2+t)}{x_1}+\dfrac{kx_2-(2+t)}{x_2}=2k-(2+t)\left(\dfrac{x_1+x_2}{x_1x_2}\right)=0,$$

所以 $2k-\dfrac{4(2+t)k}{3}=0\Rightarrow t=-\dfrac{1}{2}$，所以定点 $E\left(0,-\dfrac{1}{2}\right)$。

变式命题 2：

已知抛物线 $W:x^2=y$，曲线 $l:y=k\,|x|-2(k>0)$ 与抛物线 W 相交于 A，B，C，D 四点，$AB/\!/CD$，$|AB|<|CD|$，AD 在 y 轴右侧。

(1)求 k 的取值范围；

(2)证明：直线 AC 与 BD 相交于定点 E，并求出定点 E 的坐标。

(1)**解**：由题意，设 $A(x_1,y_1)$，$D(x_2,y_2)$，

结合图形由对称知，直线 $AD:y=kx-2$ 与抛物线 W 有两个交点 A，D，

由 $\begin{cases} y=kx-2 \\ y=x^2 \end{cases}$ 得 $x^2-kx+2=0$，所以 $\Delta=k^2-8>0$，$k>2\sqrt{2}$。

(2)**证明**:由对称知可设该定点为 $E(0,t)$,由韦达定理得 $x_1+x_2=k$,$x_1x_2=2$,

因为直线 AC 与 BD 相交于 $E(0,t)$,所以 $k_{EA}=k_{EC}$,

又因为 $k_{ED}=-k_{EC}$,所以 $k_{EA}+k_{ED}=0$,

所以

$$k_{EA}+k_{ED}=\frac{y_1-t}{x_1}+\frac{y_2-t}{x_2}=\frac{kx_1-(2+t)}{x_1}+\frac{kx_2-(2+t)}{x_2}=2k-(2+t)\left(\frac{x_1+x_2}{x_1x_2}\right)=0,$$

所以 $2k-\dfrac{(2+t)k}{2}=0\Rightarrow t=2$,所以定点 $E(0,2)$。

变式命题 3:

已知椭圆 $W:\dfrac{x^2}{a^2}+\dfrac{y^2}{b^2}=1(a>b>0)$ 左焦点为 F_1,离心率为 $\dfrac{\sqrt{6}}{3}$,抛物线 $C:x^2=4\sqrt{2}\,y$ 的焦点为 F,点 O 为坐标原点,$\triangle OFF_1$ 为等腰三角形。

(1)求椭圆 W 的标准方程;

(2)若曲线 $l:y=k\left|x-\sqrt{2}\right|(k>0)$ 与椭圆 W 相交于 A,B 两点(点 A 在点 B 的右侧),设直线 OA,OB 的斜率分别为 k_1,k_2,且 $k_2-k_1=2$,求 k 的值。

解:(1)由题知,抛物线的焦点为 $F(0,\sqrt{2})$,

因为 $\triangle OFF_1$ 为等腰三角形,所以 $c=\sqrt{2}$,又因为 $a^2=b^2+c^2$,

$\dfrac{c}{a}=\dfrac{\sqrt{6}}{3}$,所以 $a=\sqrt{3}$,$b=1$。

所以椭圆 W 的方程:$\dfrac{x^2}{3}+y^2=1$。

(2)设 $A(x_1,y_1)$,$B(x_2,-y_2)$,$B'(x_2,y_2)$,因为曲线 $l:y=k\left|x-\sqrt{2}\right|(k>0)$

与椭圆 W 相交于 A,B 两点,

所以直线 $y=k(x-\sqrt{2})$ 与椭圆 W 相交于 A,B' 两点,

由 $\begin{cases} y=k(x-\sqrt{2}) \\ \dfrac{x^2}{3}+y^2=1 \end{cases}$ 得 $(1+3k^2)x^2-6\sqrt{2}k^2x+6k^2-3=0$,

由韦达定理得 $x_1+x_2=\dfrac{6\sqrt{2}k^2}{1+3k^2}$, $x_1x_2=\dfrac{6k^2-3}{1+3k^2}$,

所以 $k_2+k_1=-\left(\dfrac{y_1}{x_1}+\dfrac{y_2}{x_2}\right)=-\left[\dfrac{k(x_1-\sqrt{2})}{x_1}+\dfrac{k(x_2-\sqrt{2})}{x_2}\right]$

$=\sqrt{2}k\left(\dfrac{x_1+x_2}{x_1x_2}\right)-2k=\dfrac{6k}{6k^2-3}=2$,所以 $k=1$ 或 $k=-\dfrac{1}{2}$(舍),所以 $k=1$。

变式命题4:

已知椭圆 $W:\dfrac{x^2}{a^2}+\dfrac{y^2}{b^2}=1(a>b>0)$ 的左焦点到上顶点的距离为2,离心率为 $\dfrac{1}{2}$,抛物线 $C:y^2=2px(p>0)$ 的焦点恰为椭圆 W 的右焦点,O 为坐标原点。

(1)求椭圆 W 及抛物线 C 的标准方程;

(2)若曲线 $l:y=k|x-\sqrt{2}|(k>0)$ 与抛物线 C 相交于 A,B 两点(A 在 B 的右侧),设直线 OA,OB 的斜率分别为 k_1,k_2,且 $k_2-k_1=2$,求 k 的值。

解:(1)因为椭圆 W 的左焦点到上顶点的距离为2,所以 $a=2$;

又因为离心率为 $e=\dfrac{c}{a}=\dfrac{1}{2}$,所以 $c=1,b^2=a^2-c^2=3$,所以椭圆 W 的方程:$\dfrac{x^2}{4}+\dfrac{y^2}{3}=1$。

所以抛物线 C 的焦点为 $F(1,0)$,$p=2$,所以抛物线 C 的方程:

$y^2=4x$。

(2)设 $A(x_1,y_1),B(x_2,-y_2),B'(x_2,y_2)$，因为曲线 $l:y=k\left|x-\sqrt{2}\right|$ $(k>0)$ 与抛物线 C 相交于 A,B 两点，

所以直线 $y=k(x-\sqrt{2})$ 与抛物线 C 相交于 A,B' 两点，

由 $\begin{cases} y=k(x-\sqrt{2}) \\ y^2=4x \end{cases}$ 得 $ky^2-4y-4\sqrt{2}\,k=0$，由韦达定理得 $y_1+y_2=\dfrac{4}{k}$，

$y_1y_2=-4\sqrt{2}$，

所以 $k_2-k_1=-\left(\dfrac{y_1}{x_1}+\dfrac{y_2}{x_2}\right)=-\left(\dfrac{4y_1}{y_1^2}+\dfrac{4y_2}{y_2^2}\right)=-\dfrac{4(y_1+y_2)}{y_1y_2}=\dfrac{2\sqrt{2}}{k}=2$，

所以 $k=\sqrt{2}$。

(2018 全国 I ,理 20)某工厂的某种产品成箱包装,每箱 200 件,每一箱产品在交付用户之前要对产品作检验,如检验出不合格品,则更换为合格品。检验时,先从一箱产品中任取 20 件作检验,再根据检验结果决定是否对余下的所有产品作检验, 设每件产品为不合格品的概率都为 $P(0<P<1)$,且各件产品是否为不合格品相互独立。

(1)记 20 件产品中恰有 2 件不合格品的概率为 $f(P)$,求 $f(P)$ 的最大值点 P_0。

(2)现对一箱产品检验了 20 件,结果恰有 2 件不合格品,以(1)中确定的 P_0 作为 P 的值。已知每件产品的检验费用为 2 元,若有不合格品进入用户手中,则工厂要对每件不合格品支付 25 元的赔偿费用。

（I）若不对该箱余下的产品作检验,这一箱产品的检验费用与赔偿费用的和记为 X,求 EX;

（II）以检验费用与赔偿费用和的期望值为决策依据,是否该对这箱余下的所有产品作检验?

变式命题: 某市 2000 名高三理科生参加了一模考试,已知其中有的同学有《美丽数学》这本书,有的同学没有。

(1)从中随机调查了 50 名考生,统计如下表所示:

	数学原始分不低于 140 分	数学原始分低于 140 分	总计
没有《美丽数学》	5	15	20
有《美丽数学》	20	10	30
总计	25	25	50

结合该表的数据及参考公式判断 "数学原始分不低于 140 分"与"有《美丽数学》"有关的把握性有多大?

参考公式: $K^2=\dfrac{n(ad-bc)^2}{(a+b)(c+d)(a+c)(b+d)}$,其中 $n=a+b+c+d$。

$P(x^2 \geq k)$	0.100	0.050	0.010	0.001
k_0	2.706	3.841	6.635	10.828

(2)该市 2000 名高三理科生的部分学生一模考试数学分数如下表所示:

姓名	A_1	A_2	A_3	A_4	A_5	A_6	A_7	A_8	A_9	A_{10}
数学原始分	139	145	142	147	143	135	137	133	133	136
数学 T 分数	67.5	69.7	68.6	70.5	69	66	66.7	65.2	65.2	66.3

设 $A_1,A_2,\cdots,A_{10}$ 的数学原始成绩为 x,x 的平均分为 139,设 $A_1,A_2,\cdots,A_{10}$ 的数学"T 分数"为 y,y 的平均分为 67.47,求 y 关于 x 的线性回归方程 $y=\hat{b}x+\hat{a}$。($\hat{b}$ 精确到 0.01,$\hat{a}$ 精确到 1)

参考公式:$\hat{b}=\dfrac{\sum\limits_{i=1}^{n}x_iy_i-n\bar{x}\bar{y}}{\sum\limits_{i=1}^{n}x_i^2-n\bar{x}^2}$,$\bar{y}=\hat{b}\bar{x}+\hat{a}$。

$\sum\limits_{i=1}^{n}x_iy_i=93868.6,10\bar{x}\bar{y}=93783.3,\sum\limits_{i=1}^{10}x_i^2=193436$。

(3)该市 2000 名高三理科生的数学原始分数 X 均在 $[50,150]$ 且服从正态分布 $N(100,900)$,已知 $P(80<X\leqslant100)=0.3$。某书店从 2000 名考生中随机选出 100 名做《美丽数学特别版》的宣传。若先查分数后邀请,则每查 1 名花费 2 元,且向数学原始分高于 120 分的同学邮寄一本成本为 100 元的书;若不查分数则邀请所有同学到店里看书,需向每位考生支付 20 元交通费。已经查了 10 名考生,其中有 2 人分数高于 120 分,请对比剩下的 90 名同学查分数的总花费高低并说明怎样花费更少。

解:(1)因为 K^2 的观测值 $k_0=\dfrac{(50-300)^2\times50}{25\times25\times20\times30}\approx8.3>6.635$,

故有 99%的可能性说明"数学成绩不低于 140 分"与"有《美丽数学》"相关。

(2)由题意知,$\hat{b}=\dfrac{\sum\limits_{i=1}^{10}x_iy_i-10\bar{x}\bar{y}}{\sum\limits_{i=1}^{10}x_i^2-n\bar{x}^2}\approx0.38$,$\hat{a}\approx15$,所以 $y=0.38x+15$。

(3)依据题意可得考生数学原始分高于 120 分的概率为 $P(120<X\leqslant150)=0.2$,

这 100 名考生中数学原始分高于 120 分人数为随机变量 ξ,ξ 服从

二项分布 $B(100,0.2)$,若剩下的 90 名同学不查分数,则总花费 $y=10×$ $2+2×100+90×20=2020$ 元;若剩下的 90 名同学查分数,其中超过 120 分的人数的期望为 18,则总花费 $y=100×2+20×100=2200$ 元。

所以不查分数成本较低。

(2017,全国Ⅰ,理 19) 为了监控某种零件的一条生产线的生产过程,检验员每天从该生产线上随机抽取 16 个零件,并测量其尺寸(单位:cm)。根据长期生产经验,可以认为这条生产线正常状态下生产的零件的尺寸服从正态分布 $N(\mu,\sigma^2)$。

(1)假设生产状态正常,记 X 表示一天内抽取的 16 个零件中其尺寸在 $(\mu-3\sigma,\mu+3\sigma)$ 之外的零件数,求 $P(X\geqslant 1)$ 及 X 的数学期望;

(2)一天内抽检零件中,如果出现了尺寸在 $(\mu-3\sigma,\mu+3\sigma)$ 之外的零件,就认为这条生产线在这一天的生产过程可能出现了异常情况,需对当天的生产过程进行检查。

(Ⅰ)试说明上述监控生产过程方法的合理性;

(Ⅱ)下面是检验员在一天内抽取的 16 个零件的尺寸:

9.95	10.12	9.96	9.96	10.0	9.92	9.98	10.04
10.26	9.91	10.13	10.02	9.2	10.04	10.05	9.95

经计算 $\bar{x}=\dfrac{1}{16}\sum\limits_{i=1}^{16}x_i=9.97$, $s=\sqrt{\dfrac{1}{16}\sum\limits_{i=1}^{16}(x_i-\bar{x})^2}=\sqrt{\dfrac{1}{16}\sum\limits_{i=1}^{16}(x_i^2-16\bar{x}^2)}\approx$ 0.212,其中 x_i 为抽取的第 i 个零件的尺寸,$i=1,2,\cdots,16$。用样本平均数 $\bar{x}$ 作为 μ 的估计值 $\hat{\mu}$,用样本标准差 s 作为 σ 的估计值 $\hat{\sigma}$,利用估计值判断是否需要对当天的生产过程进行检查。剔除 $(\hat{\mu}-3\hat{\sigma},\hat{\mu}+3\hat{\sigma})$ 之外的数据,用剩下的数据估计 μ 和 σ(精确到 0.01)。

附:若随机变量 Z 服从正态分布 $N(\mu,\sigma^2)$,则 $P(\mu-3\sigma<Z<\mu+3\sigma)=$ 0.9974,$0.9974^{16}\approx0.9592$,$\sqrt{0.008}\approx0.09$。

变式命题 1:《美丽数学》正逐渐成为高中学生的热销书籍。现调查《美丽数学》在某书店的出售情况,并将某月的第 x 天与销售本数 y 统计如下表所示:

第 x 天	2	4	6	8	10
y(本)	3	6	7	10	12

(1)请根据上表中提供的数据用最小二乘法求出 y 关于 x 的线性回归方程;

(2)为了了解《美丽数学》中题目难度,某老师在一天内依次抽取了 16 道题目的做对人数 $x_1,x_2,x_3,\cdots,x_i,\cdots,x_{16}$。经计算 $\bar{x}=997$,

$$s=\sqrt{\dfrac{\sum\limits_{i=1}^{16}x_i^2-16\bar{x}^2}{16}}\approx21.2,$$ 剔除离群值 $x_{13}=922$ 后估计剩余 15 道题做对人数的均值与标准差。(精确到 1)

(参考公式:$\hat{b}=\dfrac{\sum\limits_{i=1}^{n}x_iy_i-n\bar{x}\bar{y}}{\sum\limits_{i=1}^{n}x_i^2-n\bar{x}^2}$,$\bar{y}=\hat{b}\bar{x}+\hat{a}$;$s=\sqrt{\dfrac{\sum\limits_{i=1}^{n}x_i^2-n\bar{x}^2}{n}}$)

(参考数值:$16\times(21.2)^2+16\times997^2\approx15911340$,$\sqrt{80}\approx9$)

解:(1)依题意,

$$\bar{x}=\frac{1}{5}\times(2+4+6+8+10)=6,\bar{y}=\frac{1}{5}\times(3+6+7+10+12)=7.6,$$

$$\sum_{i=1}^{5} x_i^2 = 4+16+36+64+100=220, \sum_{i=1}^{5} x_i y_i = 6+24+42+80+120=272,$$

$$\hat{b} = \frac{\sum_{i=1}^{5} x_i y_i - 5\bar{x}\bar{y}}{\sum_{i=1}^{5} x_i^2 - 5\bar{x}^2} = \frac{272-5\times6\times7.6}{220-5\times6^2} = \frac{44}{40} = 1.1,$$

所以 $\hat{a} = \bar{y} - \hat{b}\bar{x} = 7.6-1.1\times6=1$。

所以 y 关于 x 的线性回归方程为 $\hat{y}=1.1x+1$。

(2)剔除922,剩余15道题目做对人数的均值为 $\frac{16\bar{x}-922}{15}=1002$,

因为 $\sqrt{\dfrac{\sum_{i=1}^{16} x_i^2 - 16\times977^2}{16}} \approx 21.2$,

所以 $(x_i^2+\cdots+x_{12}+x_{14}+\cdots+x_{16}^2)=16\times(21.2)^2+16\times977^2\approx15911340,$

标准差 $s = \sqrt{\dfrac{\sum_{i=1}^{16} x_i^2 - 922^2 - 15\times1002^2}{15}} \approx \sqrt{80} \approx 9$。

变式命题2:《美丽数学》正逐渐成为高中学生的一本热销书籍,通过调查《美丽数学》在某书店的出售情况,将该书店某月的第 x 天与销售本数 y 统计如下表所示:

第 x 天	2	4	6	8	10
y(本)	3	6	7	10	12

(1)请根据上表中提供的数据用最小二乘法求出 y 关于 x 的线性回归方程 $\hat{y}=\hat{b}x+\hat{a}$;

(2)为了了解《美丽数学》中题目难度，某老师依次抽取了10道题目

的做对人数：$x_1, x_2, x_3, \cdots, x_i, \cdots, x_{10}$。经计算得$\bar{x}=100, s=\sqrt{\dfrac{\sum\limits_{i=1}^{10} x_i^2 - 10\bar{x}^2}{10}}=10$。

分析知：$x_9=x_{10}=92$为离群值，剔除x_9, x_{10}后估计剩余8道题做对人数的

均值与标准差。（精确到1）

参考公式：$\hat{b}=\dfrac{\sum\limits_{i=1}^{n} x_i y_i - n\bar{x}\bar{y}}{\sum\limits_{i=1}^{n} x_i^2 - n\bar{x}^2}$，$\bar{y}=\hat{b}\bar{x}+\hat{a}$；$s=\sqrt{\dfrac{\sum\limits_{i=1}^{n} x_i^2 - n\bar{x}^2}{n}}$ ；

参考数值：$\sqrt{110.25}=10.5$。

解：(1)依题意，

$$\bar{x}=\frac{1}{5}\times(2+4+6+8+10)=6, \bar{y}=\frac{1}{5}\times(3+6+7+10+12)=7.6,$$

$$\sum\limits_{i=1}^{5} x_i^2 = 4+16+36+64+100=220, \sum\limits_{i=1}^{5} x_i y_i = 6+24+42+80+120=272,$$

$$\hat{b}=\frac{\sum\limits_{i=1}^{5} x_i y_i - 5\bar{x}\bar{y}}{\sum\limits_{i=1}^{5} x_i^2 - 5\bar{x}^2}=\frac{272-5\times6\times7.6}{220-5\times6^2}=\frac{44}{40}=1.1,$$

所以$\hat{a}=\bar{y}-\hat{b}\bar{x}=7.6-1.1\times6=1$。

所以y关于x的线性回归方程为$\hat{y}=1.1x+1$。

(2)剔除后，剩余8道题目做对人数的均值为$\dfrac{10\bar{x}-2\times92}{8}=102$，

因为 $\sqrt{\dfrac{\sum\limits_{i=1}^{10}x_i^2-10\bar{x}^2}{10}}=10$，

所以 $\sum\limits_{i=1}^{10}x_i^2=10\times10^2+10\times100^2=101000$，

标准差 $s=\sqrt{\dfrac{\sum\limits_{i=1}^{10}x_i^2-2\times92^2-8\times102^2}{8}}=\sqrt{105}<10.5$，

所以 $s=10$。

第五章　多维度命题研究示例

原创命题的本质是提出问题。当然,为了兼顾原创与实用,往往要对某一问题(如高考题)的命题彻底解密后再进行原创命题。原创命题本身可以让师生避免落入"套题"模式中,同时命制原创题目的过程也是锻炼培养提出问题、解决问题的能力的过程,甚至也是超越原来问题的过程。常见的原创命题有:基于逆向设计的原创命题、基于问题的原创命题、基于灵感的原创命题。

一、基于 2019 年高考数学全国卷 I 理科第 21 题的原创命题

(2019 全国 I,理 21)为治疗某种疾病,研制了甲、乙两种新药,希望知道哪种新药更有效,为此进行动物试验。试验方案如下:每一轮选取两只白鼠对药效进行对比试验。对于两只白鼠,随机选一只施以甲药,另一只施以乙药。一轮的治疗结果得出后,再安排下一轮试验。当其中一种药治愈的白鼠比另一种药治愈的白鼠多 4 只时,就停止试验,并认为治愈只数多的药更有效。为了方便描述问题,约定:对于每轮试验,若施以甲药的白鼠治愈且施以乙药的白鼠未治愈则甲药得 1 分,乙药得 -1 分;若施以乙药的白鼠治愈且施以甲药的白鼠未治愈则乙药得 1 分,甲药得 -1 分;若都治愈或都未治愈则两种药均得 0 分。甲、乙两种药的治愈率分别记为 α 和 β,一轮试验中甲药的得分记为 X。

(1)求 X 的分布列；

(2)若甲药、乙药在试验开始时都赋予 4 分, $P_i(i=0,1,\cdots,8)$ 表示"甲药的累计得分为 i 时,最终认为甲药比乙药更有效"的概率,则 $P_0=0$, $P_8=1$, $P_i=aP_{i-1}+bP_i+cP_{i+1}(i=1,2,\cdots,7)$,其中, $a=P(X=-1)$, $b=P(X=0)$, $c=P(X=1)$。假设 $\alpha=0.5,\beta=0.8$。

（Ⅰ）证明: $\{P_{i+1}-P_i\}(i=0,1,2,\cdots,7)$ 为等比数列；

（Ⅱ）求 P_4,并根据 P_4 的值解释这种试验方案的合理性。

原创命题 1: 爱国汽车公司研发了一款零排放新能源汽车产品"风之子"。

(1)"风之子"的成本由原材料成本与非原材料成本组成。每辆"风之子"的非原材料成本 y(万元)与生产"风之子"的数量 x(万辆)有关,经统计得到如下数据:

x(万辆)	1	2	3	4	5	6	7	8
y(万元)	111	60	43.5	34	29.5	27	24	23

现用模型 $y=a+\dfrac{b}{x}$ 对两个变量的关系进行拟合,预测数量 x(万辆)在什么范围能够使得非原材料成本不超过 10(万元)？

参考数据(其中 $z_i=\dfrac{1}{x_i}$):

$\sum\limits_{i=1}^{8} z_i y_i$	$\bar{z}$	$\sum\limits_{i=1}^{8} z_i^2 - 8\bar{z}^2$	$\bar{y}$
180.68	0.34	0.61	44

参考公式:对于一组数据 (u_1,v_1), (u_2,v_2), $\cdots$, (u_n,v_n),其回归直线 $v=\hat{\alpha}+\hat{\beta}u$ 的斜率和截距的最小二乘估计公式分别为

$$\hat{\beta}=\frac{\sum\limits_{i=1}^{n}u_iv_i-n\bar{u}\bar{v}}{\sum\limits_{i=1}^{n}u_i^2-5\bar{u}^2},\hat{\alpha}=\bar{v}-\hat{\beta}\bar{u}。$$

(2)当"风之子"的产量为万辆时,它的单次最大续航里程 X (千米)服从正态分布 $N(2000,10^2)$ 。任选一辆"风之子"汽车,求它的单次最大续航里程恰在 1970 千米到 2020 千米之间的概率;

参考公式:随机变量 ξ 服从正态分布 $N(\mu,\sigma^2)$,则 $P(\mu-\sigma<\xi<\mu+\sigma)$ $=0.6826,P(\mu-2\sigma<\xi<\mu+2\sigma)=0.9544,P(\mu-3\sigma<\xi<\mu+3\sigma)=0.9974$ 。

(3)某"风之子"4S汽车店给予购车的顾客一次有奖挑战游戏奖励。在游戏棋盘上标有第 0 站、第 1 站、第 2 站……第 100 站,约定:棋子首先放到第 0 站,每次扔一枚硬币,若正面向上棋子向前跳动 1 站,若反面向上棋子向前跳动 2 站,直到跳至第 99 站则顾客挑战成功,游戏结束,跳至第 100 站则挑战失败,游戏结束。设跳到第 n 站的概率为 $P_n(n=0,1,\cdots,100)$ 。证明 $\{P_n-P_{n-1}\}(n=1,2,\cdots,99)$ 为等比数列,并求 P_{99} 。

解:(1)由题知, $b=\dfrac{\sum\limits_{i=1}^{8}z_iy_i-8\bar{z}\bar{y}}{\sum\limits_{i=1}^{8}z_i^2-8\bar{z}^2}=\dfrac{180.68-8\times0.34\times44}{0.61}=\dfrac{61}{0.61}=100$,

所以 $a=\bar{y}-b\bar{z}=44-100\times0.34=10$,

因此 y 关于 x 的回归方程为 $y=10+\dfrac{100}{x}$ 。

由 $y\leqslant10$ 得 $x<0$,所以无论生产数量为多少都不能使得非原材料成本 $y\leqslant10$ 万元。

(2)因为 X 服从正态分布 $N(2000,10^2)$,

所以 $P(1970 \leqslant X \leqslant 2020)=0.9974-\dfrac{0.9974-0.9544}{2}=0.9759$。

(3)由题知,$P_0=1$,$P_1=\dfrac{1}{2}$,$P_2=\left(\dfrac{1}{2}\right)^2+\dfrac{1}{2}=\dfrac{3}{4}$,

因为 $P_{n+1}=\dfrac{P_n}{2}+\dfrac{P_{n-1}}{2}(1 \leqslant n \leqslant 98)$,所以 $P_{n+1}-P_n=-\dfrac{P_n}{2}+\dfrac{P_{n-1}}{2}=-\dfrac{P_n-P_{n-1}}{2}$,

因此$\{P_n-P_{n-1}\}(1 \leqslant n \leqslant 99)$为以$(P_1-P_0)$为首项,$-\dfrac{1}{2}$为公比的等比数

列,所以 $P_n-P_{n-1}=(P_1-P_0)\left(-\dfrac{1}{2}\right)^{n-1}$,$n \geqslant 1$,所以 $P_n-P_{n-1}=\left(-\dfrac{1}{2}\right)^n$,$1 \leqslant n \leqslant 99$,

又因为

$P_n=(P_n-P_{n-1})+(P_{n-1}-P_{n-2})+\cdots+(P_1-P_0)+P_0$

$=\left(-\dfrac{1}{2}\right)^n+\left(-\dfrac{1}{2}\right)^{n-1}+\cdots+\left(-\dfrac{1}{2}\right)^1+1=\dfrac{2-\left(-\dfrac{1}{2}\right)^n}{3}(1 \leqslant n \leqslant 99)$

所以 $P_{99}=\dfrac{2-\dfrac{1}{2^{99}}}{3}$。

原创命题2:某公司研发了两种具有自主知识产权的操作系统,分别命名为"天下""东方"。这两套操作系统适用于手机、电脑、车联网、物联网等,且较国际同类操作系统更加流畅。

(1)为了解喜欢"天下"系统是否与性别有关,随机调查了50名男用户和50名女用户,每位用户对"天下"系统给出喜欢或不喜欢的评价,如下表所示:

	不喜欢	喜欢
女用户	10	40
男用户	20	30

请问：能否有 95％ 的把握认为男、女用户对"天下"系统的喜欢有差异？

参考公式：$K^2 = \dfrac{n(ad-bc)^2}{(a+b)(c+d)(a+c)(b+d)}$。

$P(K^2 \geqslant k)$	0.050	0.010	0.001
k	3.841	6.635	10.828

(2)该公司选定万名用户对"天下"和"东方"操作系统(以下简称"天下""东方")进行测试，每个用户只能从"天下"或"东方"中选择一个使用，每经过一个月后就给用户一次重新选择"天下"或"东方"的机会。这个月选择"天下"的用户在下个月选择"天下"的概率均为 α，选择"东方"的概率均为 $1-\alpha$，$0<\alpha<1$；这个月选择"东方"的用户在下个月选择"天下"的概率均为 β，选择"东方"的概率均为 $1-\beta$，$0<\beta<1$。记 P_n 表示第 n 个月用户选择"天下"的概率，已知 $P_{n+1}=\alpha P_n+\beta(1-P_n)$，$P_1=0.5$，$P_2=0.55$，$P_3=0.575$，$n \in N^*$。

（Ⅰ）求 α，β 的值；

（Ⅱ）证明：数列 $\{P_n-0.6\}$ $(n \in N^*)$ 为等比数列；

(Ⅲ)预测选择"天下"操作系统的用户数量不超过多少万人。(精确到 1 万)

解：(1)$K^2 = \dfrac{100 \times (10 \times 30 - 20 \times 40)^2}{50 \times 50 \times 30 \times 70} = \dfrac{4 \times 25}{21} > 4 > 3.841$，

故有 95％ 的把握认为男、女用户对"天下"系统的喜欢有差异。

(2)（Ⅰ）由题知，$P_{n+1}=(\alpha-\beta)P_n+\beta$，且 $P_1=0.5$，$P_2=0.55$，$P_3=0.575$，

所以 $\begin{cases} P_2=\alpha P_1+\beta(1-P_1)=0.5\alpha+0.5\beta=0.55 \\ P_3=\alpha P_2+\beta(1-P_2)=0.55\alpha+0.45\beta=0.575 \end{cases}$，解得：$\alpha=0.8$，$\beta=0.3$。

（Ⅱ）由（Ⅰ）知，$P_{n+1}=0.5P_n+0.3$ $(n \in N^*)$，

所以 $P_{n+1}-0.6=0.5P_n-0.3=0.5(P_n-0.6)$，

又因为 $P_1-0.6=-0.1\neq0$，所以 $\dfrac{P_{n+1}-0.6}{P_n-0.6}=0.5$，

所以 $\{P_n-0.6\}(n\in N^*)$ 为首项等于 -0.1，公比等于 0.5 的等比数列。

(Ⅲ)由(Ⅱ)知，$P_n-0.6=-0.1\times0.5^{n-1}$，

所以 $P_n=0.6-0.1\times0.5^{n-1}<0.6$(随 n 增大，P_n 接近 0.6)，

所以依据概率预测选择"天下"操作系统的用户数量不超过 600 万人。

二、基于 2019 年高考数学全国卷Ⅰ理科第 20 题的原创命题

(2019 全国Ⅰ，理 20) 已知函数 $f(x)=\sin x-\ln(1+x)$，$f'(x)$ 为 $f(x)$ 的导函数。证明：

(1) $f'(x)$ 在区间 $(-1,\dfrac{\pi}{2})$ 存在唯一极大值点；

(2) $f(x)$ 有且仅有 2 个零点。

原创命题 1： 已知函数 $f(x)=\ln x-x+2\sin x$，$f'(x)$ 为 $f(x)$ 的导函数。

(1) 求证：$f'(x)$ 在 $(0,\pi)$ 上存在唯一零点；

(2) 求证：$f(x)$ 有且仅有两个不同的零点。

证明： (1) 设 $g(x)=f'(x)=\dfrac{1}{x}-1+2\cos x$，

当 $x\in(0,\pi)$ 时，$g'(x)=-2\sin x-\dfrac{1}{x^2}<0$，

所以 $g(x)$ 在 $(0,\pi)$ 上单调递减，

又因为 $g\left(\dfrac{\pi}{3}\right)=\dfrac{3}{\pi}-1+1>0$，$g\left(\dfrac{\pi}{2}\right)=\dfrac{2}{\pi}-1<0$，

所以 $g(x)$ 在 $\left(\dfrac{\pi}{3},\dfrac{\pi}{2}\right)$ 上有唯一的零点 α，命题得证。

(2)①由(1)知，当 $x\in(0,\alpha)$ 时，$f'(x)>0$，$f(x)$ 在 $(0,\alpha)$ 上单调递增；

当 $x\in(\alpha,\pi)$ 时，$f'(x)<0$，$f(x)$ 在 (α,π) 上单调递减；

所以 $f(x)$ 在 $(0,\pi)$ 上存在唯一的极大值点 α，$\dfrac{\pi}{3}<\alpha<\dfrac{\pi}{2}$

所以 $f(\alpha)>f\left(\dfrac{\pi}{2}\right)=\ln\dfrac{\pi}{2}-\dfrac{\pi}{2}+2>2-\dfrac{\pi}{2}>0$，

又因为 $f\left(\dfrac{1}{e^2}\right)=-2-\dfrac{1}{e^2}+2\sin\dfrac{1}{e^2}<-2-\dfrac{1}{e^2}+2<0$，

所以 $f(x)$ 在 $(0,\alpha)$ 上恰有一个零点；

又因为 $f(\pi)=\ln\pi-\pi<2-\pi<0$，

所以 $f(x)$ 在 (α,π) 上也恰有一个零点。

②当 $x\in[\pi,2\pi)$ 时，$\sin x\leqslant 0$，$f(x)\leqslant\ln x-x$

设 $h(x)=\ln x-x$，$h'(x)=\dfrac{1}{x}-1<0$，

所以 $h(x)$ 在 $[\pi,2\pi)$ 上单调递减，所以 $h(x)\leqslant h(\pi)<0$，所以当 $x\in[\pi,2\pi)$ 时，$f(x)\leqslant h(x)\leqslant h(\pi)<0$ 恒成立，

所以 $f(x)$ 在 $[\pi,2\pi)$ 上没有零点。

③当 $x\in[2\pi,+\infty)$ 时，$f(x)\leqslant\ln x-x+2$，

设 $\varphi(x)=\ln x-x+2$，$\varphi'(x)=\dfrac{1}{x}-1<0$，

所以 $\varphi(x)$ 在 $[2\pi,+\infty)$ 上单调递减，所以 $\varphi(x)\leqslant\varphi(2\pi)<0$，所以当 $x\in[2\pi,+\infty)$ 时，$f(x)\leqslant\varphi(x)\leqslant\varphi(2\pi)<0$ 恒成立，

所以 $f(x)$ 在 $[2\pi,+\infty)$ 上没有零点。

综上，$f(x)$ 有且仅有两个零点。

基于逆向设计的原创命题 1: 已知 O 为坐标原点,椭圆 $C:\dfrac{x^2}{a^2}+\dfrac{y^2}{b^2}=1$

$(a>b>0)$ 上顶点为 A,右顶点为 B,离心率 $e=\dfrac{\sqrt{2}}{2}$,圆 $O:x^2+y^2=\dfrac{2}{3}$ 与

直线 AB 相切。

(1)求椭圆 C 的标准方程;

(2)若 D,E,F 为椭圆 C 上的三个动点,直线 EF,DE,DF 的斜率分

别为 $k,k_1,k_2(kk_1k_2\neq 0)$。

(Ⅰ)若 EF 的中点为 $W\left(1,\dfrac{1}{2}\right)$,求直线 EF 的方程;

(Ⅱ)若 $k_1k_2=-\dfrac{1}{2}$,证明:直线 EF 过定点。

命题揭秘: 在(Ⅱ)中,若直线 EF 过点 O,则 $k_1k_2=-\dfrac{1}{2}$。本题为其逆

命题。

解: (1)由题意,直线 AB 的方程为 $\dfrac{x}{a}+\dfrac{y}{b}=1$,即 $bx+ay-ab=0$;

因为圆 O 与直线 AB 相切,所以 $\dfrac{|ab|}{\sqrt{b^2+a^2}}=\sqrt{\dfrac{2}{3}}$,即 $\dfrac{a^2b^2}{b^2+a^2}=\dfrac{2}{3}$ ①

设椭圆的半焦距为 c,因为 $b^2+c^2=a^2$,$e=\dfrac{c}{a}=\dfrac{\sqrt{2}}{2}$,所以 $\dfrac{a^2-b^2}{a^2}=\dfrac{1}{2}$ ②

由①②得 $a^2=2,b^2=1$,所以椭圆 C 的标准方程为 $\dfrac{x^2}{2}+y^2=1$。

(2)设 $E(x_1,y_1),F(x_2,y_2),D(x_0,y_0)$,

(Ⅰ)由题知,$\dfrac{x_1^2}{2}+y_1^2=1$,$\dfrac{x_2^2}{2}+y_2^2=1$,

两式做差得 $\dfrac{x_1^2-x_2^2}{2}+y_1^2-y_2^2=0$,

整理得 $k_{EF}=\dfrac{y_1-y_2}{x_1-x_2}=-\dfrac{1}{2}\left(\dfrac{x_1+x_2}{y_1+y_2}\right)=-1$,

所以此时直线 EF 的方程为 $y=-x+\dfrac{3}{2}$。

（Ⅱ）设直线 DE:$y-y_0=k_1(x-x_0)$,设直线 DF:$y-y_0=k_2(x-x_0)$,

由 $\begin{cases} y=k_1(x-x_0)+y_0 \\ \dfrac{x^2}{2}+y^2=1 \end{cases}$

得 $(1+2k_1^2)x^2+4k_1(y_0-k_1x_0)x+2(y_0-k_1x_0)^2-2=0$,

所以 $x_1+x_0=\dfrac{-4k_1(y_0-k_1x_0)}{1+2k_1^2}$, $x_1x_0=\dfrac{2(y_0-k_1x_0)^2-2}{1+2k_1^2}$,

得 $x_1=\dfrac{-4k_1y_0+(2k_1^2-1)x_0}{1+2k_1^2}$;

又因为 $k_1k_2=-\dfrac{1}{2}$,且同理可得

$x_2=\dfrac{-4k_2y_0+(2k_1^2-1)x_0}{1+2k_2^2}=\dfrac{4k_1y_0+(1-2k_1^2)x_0}{1+2k_1^2}$,

可得 $x_1+x_2=0$。

设直线 EF 的方程为 $y=kx+t$,将 $y=kx+t$ 代入 $\dfrac{x^2}{2}+y^2=1$,

得 $(1+2k^2)x^2+4ktx+2t^2-2=0$,得 $x_1+x_2=\dfrac{-4kt}{1+2k^2}=0$,所以 $t=0$,

所以直线 EF 过定点 $O(0,0)$。

基于逆向设计的原创命题 2:已知椭圆 C:$\dfrac{x^2}{a^2}+\dfrac{y^2}{b^2}=1(a>b>0)$ 的短

轴长和焦距相等,左、右焦点分别为 F_1,F_2,点 $Q\left(1,\dfrac{\sqrt{2}}{2}\right)$ 满足:

$|QF_1|+|QF_2|=2a$。已知直线 l 与椭圆 C 相交于 A，B 两点。

(1)求椭圆 C 的标准方程;

(2)若直线 l 过点 F_2，且 $\overrightarrow{AF_2}=2\overrightarrow{F_2B}$，求直线 l 的方程;

(3)若直线 l 与曲线 $y=\ln x$ 相切于点 $T(t,\ln t)(t>0)$，且 AB 中点的横坐标等于 $\dfrac{2}{3}$。证明:符合题意的点 T 有两个,并任求出其中一个的坐标。

命题揭秘:在(3)中,首先计算曲线 $y=\ln x$ 的切线 $y=x+1$ 与椭圆 C 的相交弦中点坐标,其横坐标恰为 $\dfrac{2}{3}$。本题就以其逆命题来命题。

解:(1)(2)略;

(3)设 $A(x_3,y_3)$，$B(x_4,y_4)$，由题意直线 l 的斜率存在,设直线 l 的方程为 $y=kx+m$，

由 $\begin{cases} y=kx+m \\ \dfrac{x^2}{2}+y^2=1 \end{cases}$ 得 $(1+2k^2)x^2+4kmx+2m^2-2=0$，则 $x_3+x_4=-\dfrac{4km}{1+2k^2}$，

因为直线 l 与曲线 $y=\ln x$ 相切于点 $T(t,\ln t)(t>0)$，所以

$k=y'\big|_{x=t}=\dfrac{1}{t}$，$m=\ln t-1$，

所以 $x_3+x_4=\dfrac{4t(1-\ln t)}{2+t^2}=\dfrac{4}{3}$，整理得 $\ln t+\dfrac{2}{3t}+\dfrac{t}{3}-1=0$

令 $f(t)=\ln t+\dfrac{2}{3t}+\dfrac{t}{3}-1(t>0)$，所以 $f'(t)=\dfrac{1}{t}-\dfrac{2}{3t^2}+\dfrac{1}{3}=\dfrac{t^2+3t-2}{3t^2}$，

因为 $g(t)=t^2+3t-2$ 在 $(0,+\infty)$ 上单调递增,且 $g\left(\dfrac{1}{2}\right)=-\dfrac{1}{4}<0$，

$g(1)=2>0$，

所以存在 $\alpha \in \left(\dfrac{1}{2},1\right)$，使得 $g(\alpha)=0$，

因此 $f(t)$ 在 $(0,\alpha)$ 上单调递减，在 $(\alpha,+\infty)$ 上单调递增，所以 $f(t)\geqslant f(\alpha)$，

又因为 $f(1)=0$，所以 $f(t)\geqslant f(\alpha)$，$f(\alpha)<0$，

又因为 $f\left(\dfrac{1}{e^2}\right)=\dfrac{2e^2}{3}+\dfrac{1}{3e^2}-3=\dfrac{e^2(2e^2-9)+1}{3e}>0$，

因此 $f(t)$ 除零点 $t=0$ 外，在 $\left(\dfrac{1}{e},\alpha\right)$ 上还有一个零点，

所以，符合题意的点 T 有两个，其中一个的坐标为 $T(1,0)$。

基于灵感的原创命题 3：已知 O 为坐标原点，以 $F(0,-1)$ 为圆心且半径为 $r(r>0)$ 的圆 F 与抛物线 $C:x^2=-2py(p>0)$ 的一个交点为 P，以点 P 为圆心且半径为 $r(r>0)$ 的圆与直线 $y=1$ 相切。

(1)求抛物线 C 的标准方程；

(2)直线 $l:y=kx+t(t>0)$ 分别与抛物线 C 相交于 $A(x_1,y_1)$，$B(x_2,y_2)$ 两点，与椭圆 $\dfrac{x^2}{2}+y^2=1$ 相交于 $D(x_3,y_3)$，$E(x_4,y_4)$ 两点，设直线 OA，OB，OD，OE 的斜率分别是 k_1,k_2,k_3,k_4，且满足 $k_1+k_2+k_3+k_4=0$。证明：直线 l 恒过定点。

(1)**解**：由题知点 P 到直线 $y=1$ 的距离 $d=r$，因此 F 为抛物线 C 的焦点，$y=1$ 为抛物线 C 的准线，所以抛物线 C 的标准方程为 $x^2=-4y$。

(2)**证明**：将直线 $l:y=kx+t(t>0)$ 代入抛物线 $x^2=-4y$ 方程得 $x^2+4kx+4t=0$，

所以 $x_1+x_2=-4k$，$x_1x_2=4t$，$\Delta=16k^2-16t>0$，

将直线 $l:y=kx+t$ 代入椭圆方程 $\dfrac{x^2}{2}+y^2=1$，得 $(1+2k^2)x^2+4ktx+2t^2-2=0$，

所以 $x_3+x_4=\dfrac{-4kt}{1+2k^2}$，$x_3x_4=\dfrac{2t^2-2}{1+2k^2}$，$\Delta>0$，

又因为

$$k_1+k_2+k_3+k_4=\frac{y_1}{x_1}+\frac{y_2}{x_2}+\frac{y_3}{x_3}+\frac{y_4}{x_4}=\frac{-\frac{x_1^2}{4}}{x_1}+\frac{-\frac{x_2^2}{4}}{x_2}+\frac{kx_3+t}{x_3}+\frac{kx_4+t}{x_4}$$

$$=-\frac{x_1+x_2}{4}+\frac{t(x_3+x_4)}{x_3x_4}+2k=3k+\frac{-4kt^2}{2t^2-2}=0,$$

当 $k\neq0$ 时,解得 $t=\pm\sqrt{3}$,因为 $t>0$,所以 $t=\sqrt{3}$;当 $k=0$ 时,直线 l 亦过点 $(0,\sqrt{3})$ 。

因此直线 l 过定点 $(0,\sqrt{3})$ 。

基于灵感的原创命题 4:已知 O 为坐标原点,点 A,B 在椭圆 C:$\frac{x^2}{2}+y^2=1$ 上,点 $E\left(-\frac{\sqrt{30}}{5},\frac{\sqrt{30}}{10}\right)$ 在圆 $D:x^2+y^2=r^2(r>0)$ 上, AB 的中点为 Q ,满足 O,E,Q 三点共线。

(1)求直线 AB 的斜率;

(2)若直线 AB 与圆 D 相交于 M,N 两点,记 $\triangle OAB$ 的面积为 S_1 ,$\triangle OMN$ 的面积为 S_2 ,求 $S=S_1+S_2$ 的最大值。

解:(1)设 $A(x_1,y_1),B(x_2,y_2)$,AB 的中点 $Q(x_0,y_0)$,因为点 A,B 在椭圆 C 上,

所以 $\begin{cases}\frac{x_1^2}{2}+y_1^2=1\\\frac{x_2^2}{2}+y_2^2=1\end{cases}\Rightarrow\frac{(x_1-x_2)(x_1+x_2)}{2}+(y_1-y_2)(y_1+y_2)=0$,所以

$$k_{AB}=\frac{y_1-y_2}{x_1-x_2}=-\frac{x_1+x_2}{2(y_1+y_2)},$$

因为 $x_0=\frac{x_1+x_2}{2}$,$y_0=\frac{y_1+y_2}{2}$,所以 $k_{AB}=-\frac{x_0}{2y_0}$,

因为 $E\left(-\dfrac{\sqrt{30}}{5},\dfrac{\sqrt{30}}{10}\right)$，所以 $k_{OE}=-\dfrac{1}{2}$，

又因为 O,E,Q 三点共线，所以 $k_{OQ}=k_{OE}=-\dfrac{1}{2}=\dfrac{y_0}{x_0}$，所以 $k_{AB}=-\dfrac{x_0}{2y_0}=1$。

(2)因为点 $E\left(-\dfrac{\sqrt{30}}{5},\dfrac{\sqrt{30}}{10}\right)$ 在圆 D 上，所以

$r^2=\left(-\dfrac{\sqrt{30}}{5}\right)^2+\left(\dfrac{\sqrt{30}}{10}\right)^2=\dfrac{3}{2}$，所以圆 D 的方程为 $x^2+y^2=\dfrac{3}{2}$。

设直线 AB 的方程：$y=x+m$，

$$\begin{cases} y=x+m \\ \dfrac{x^2}{2}+y^2=1 \end{cases} \Rightarrow 3x^2+4mx+2m^2-2=0，$$

由 $\Delta>0$ 得 $m^2<3$，所以 $x_1+x_2=-\dfrac{4m}{3}$，$x_1x_2=-\dfrac{2m^2-2}{3}$

则 $|AB|=\sqrt{2}\times\sqrt{(x_1+x_2)^2-4x_1x_2}=\dfrac{4}{3}\sqrt{3-m^2}$

设 O 到直线 AB 的距离为 d，$d=\dfrac{|m|}{\sqrt{2}}$，所以

$|MN|=2\sqrt{r^2-d^2}=\sqrt{2(3-m^2)}$，

所以 $S=S_1+S_2=\dfrac{1}{2}|AB|\cdot d+\dfrac{1}{2}|MN|\cdot d=\dfrac{1}{2}\times\dfrac{4}{3}\sqrt{3-m^2}\times\dfrac{|m|}{\sqrt{2}}+\dfrac{1}{2}\times$

$\sqrt{2(3-m^2)}\times\dfrac{|m|}{\sqrt{2}}=\dfrac{3+2\sqrt{2}}{6}\sqrt{m^2(3-m^2)}=\dfrac{3+2\sqrt{2}}{6}\sqrt{-\left(m^2-\dfrac{3}{2}\right)^2+\dfrac{9}{4}}$，

所以当 $m^2=\dfrac{3}{2}<3$ 时，即 $m=\pm\dfrac{\sqrt{6}}{2}$ 时，$S_{\max}=\dfrac{3+2\sqrt{2}}{4}$。

基于灵感的原创命题 5：已知椭圆 $C:\dfrac{x^2}{a^2}+y^2=1$ 和圆 $D:x^2+y^2=r^2(1<a<r)$，

点 A，B 在椭圆 C 上，点 E 在圆 D 上，$|AE|$ 的最大值和最小值分别为 5，1。

(1)求椭圆 C 及圆 D 的标准方程；

(2)已知 O 为坐标原点，直线 OA，OB 的斜率分别为 k_1，k_2，直线 AB 的斜率等于 $\frac{\sqrt{2}}{2}$，若四边形 $OAEB$ 为平行四边形，求 k_1+k_2 的值。

解:(1)由题知，$r-a \leqslant |AE| \leqslant r+a$，所以 $\begin{cases} r-a=1 \\ r+a=5 \end{cases} \Rightarrow \begin{cases} r=3 \\ a=2 \end{cases}$，

所以，椭圆 C 的标准方程：$\frac{x^2}{4}+y^2=1$，圆 D 的标准方程：$x^2+y^2=9$。

(2)设直线 AB 的方程：$y=\frac{\sqrt{2}}{2}x+m$

由 $\begin{cases} \frac{x^2}{4}+y^2=1 \\ y=\frac{\sqrt{2}}{2}x+m \end{cases} \Rightarrow 3x^2+4\sqrt{2}mx+4m^2-4=0$，

设 $A(x_1,y_1)$，$B(x_2,y_2)$，AB 的中点 Q 坐标为 (x_0,y_0)，由 $\Delta>0$ 得 $m^2<3$，

所以 $x_1+x_2=-\frac{4\sqrt{2}m}{3}$，$x_1x_2=\frac{4m^2-4}{3}$，

所以 $y_1+y_2=\frac{\sqrt{2}}{2}(x_1+x_2)+2m=\frac{2m}{3}$，

所以 $x_0=-\frac{2\sqrt{2}m}{3}$，$y_0=\frac{m}{3}$，从而 $Q\left(-\frac{2\sqrt{2}m}{3},\frac{m}{3}\right)$，

因为四边形 $OAEB$ 为平行四边形，所以 $|OQ|=\frac{|OE|}{3}=\frac{3}{2}$，所以

$\left(-\frac{2\sqrt{2}m}{3}\right)^2+\left(\frac{m}{3}\right)^2=\frac{9}{4}$，所以 $m^2=\frac{9}{4}$，满足 $\Delta>0$，

所以 $k_1+k_2=\dfrac{y_1}{x_1}+\dfrac{y_2}{x_2}=\dfrac{\frac{\sqrt{2}}{2}x_1+m}{x_1}+\dfrac{\frac{\sqrt{2}}{2}x_2+m}{x_2}=\sqrt{2}+\dfrac{m(x_1+x_2)}{x_1x_2}$

$=\sqrt{2}-\dfrac{4\sqrt{2}\,m^2}{4m^2-4}=-\dfrac{4\sqrt{2}}{5}$。

基于灵感的原创命题6：如图 5-1 所示，圆柱 H 横放在底面边长为 1 的正六棱锥 $P\text{-}ABCDEF$ 的顶点 P 上，O_1 和 O_2 分别是圆柱左、右两个底面的圆心，正六棱锥 $P\text{-}ABCDEF$ 底面中心为 O，$PO=1$，M,N 分别是圆柱 H 的底面 O_1 的最高点和最低点，G 是圆柱 H 的底面 O_2 的最低点，P 为 NG 中点，点 M,O_1,N,A,O,D,G,P 共面，O_1,P,D 点共线，四边形 $ADGN$ 为矩形。

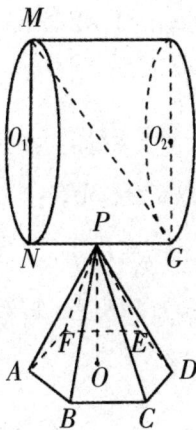

图 5-1

(1)求圆柱 H 的体积 V，并证明：$MG/\!/$ 平面 PCD；

(2)作出点 O 在平面 PAB 上的正投影 K，并证明之。

注：正棱锥是底面为一个正多边形，且顶点在底面上的正投影为底面的中心的棱锥。

解：(1)因为 O 是正六棱锥 $P\text{-}ABCDEF$ 底面中心，所以 $PO\perp$ 底面

$ABCDEF$,

因为 P 为 NG 中点，四边形 $ADGN$ 为矩形，O 为 AD 的中点，$PO=1$，所以 $NA//PO$，$NA=PO=1$，从而 $NA\perp$ 底面 $ABCDEF$，

因为 M,N 分别是圆柱 H 的底面 O_1 的最高点和最低点，所以 $O_1N\perp$ 底面 $ABCDEF$，从而 M,O_1,N,A 共线，

因为正六棱锥 $P-ABCDEF$ 的底面边长为1，所以 $AD=2$，

因为四边形 $ADGN$ 为矩形，所以 $NG//AD$，且 $NG=AD=2$，

因为 P 为 NG 中点，$NP//AD$，且 $NP=\dfrac{1}{2}AD=1$，

所以在 $\triangle O_1AD$ 中，NP 为 $\triangle O_1AD$ 的中位线，从而 N 为 O_1A 中点，所以 $O_1N=AN=1$，

所以圆柱 H 的体积 $V=Sh=\pi\times 1^2\times 2=2\pi$。

下面证明：$MG//PCD$ 平面。

因为 P 为 NG 中点，O_1 为 MN 中点，所以 $PO_1//MG$；

又因为 O_1,P,D 共线，所以 $PD//MG$；

因为 $PD\subset$ 面 PCD，$MG\not\subset$ 面 PCD，所以 $MG//$ 平面 PCD。

(2)取 AB 中点 Q，连接 OQ,PQ，在 $\triangle POQ$ 中作 $OK\perp PQ$ 于 K，则 K 为点 O 在平面 PAB 上的正投影。

下面证明之：

因为六棱锥 $P-ABCDEF$ 为正棱锥，所以 $PA=PB$，从而 $AB\perp PQ$，

因为正六棱锥 $P-ABCDEF$ 底面中心为 O，所以 $PO\perp$ 底面 $ABCDEF$，

因为 $AB\subset$ 底面 $ABCDEF$，所以 $AB\perp PQ$，

因为 $PO\cap PQ=Q$，所以 $AB\perp$ 平面 POQ，

因为 $OK\subset$ 平面 POQ，所以 $AB\perp OK$，

因为 $PQ\cap AB=Q$，$OK\perp$ 平面 PAB，所以点 O 在平面 PAB 上的正投

影为 K。

基于灵感的原创命题 7：如图 5-2 所示，圆柱 H 横放在底面边长为 1 的正六棱锥 P-$ABCDEF$ 的顶点 P 上，O_1 和 O_2 分别是圆柱左、右两个底面的圆心，正六棱锥 P-$ABCDEF$ 底面中心为 O，$PO=1$，M，N 分别是圆柱 H 的底面 O_1 的最高点和最低点，G 是圆柱 H 的底面 O_2 的最低点，P 为 NG 中点，点 M，O_1，N，A，O，D，G，P 共面，O_1，P，D 点共线，四边形 $ADGN$ 为矩形。

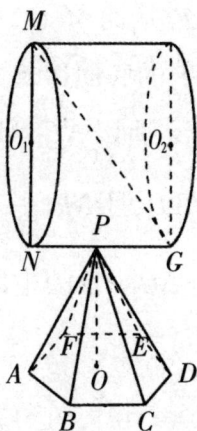

图 5-2

(1)证明：MG// 平面 PCD；

(2)求二面角 M-CD-A 大小。

注：正棱锥是底面为一个正多边形，且顶点在底面上的正投影为底面的中心的棱锥。

(1)**证明：**因为 P 为 NG 中点，O_1 为 MN 中点，所以 PO_1//MG，

又因为 O_1，P，D 共线，所以 PD//MG，又因为 $PD \subset$ 面 PCD，$MG \not\subset$ PCD 面，所以 MG// 平面 PCD。

(2)**解：**因为 O 是正六棱锥 P-$ABCDEF$ 底面中心，所以 $PO \perp$ 底面

$ABCDEF$。

取 BC 中点 W，连接 OW，AD，则 $OW \perp AD$，

以 O 为坐标原点，OA，OW，OP 分别以所在的直线为 x 轴，y 轴，z 轴建立空间直角坐标系 $O-xyz$。

因为 P 为 NG 中点，$ADGN$ 四边形为矩形，O 为 AD 的中点，$PO=1$，所以 $NA//PO$，$NA=PO=1$，从而 $NA \perp$ 底面 $ABCDEF$，

因为 M,N 分别是圆柱 H 的底面 O_1 的最高点和最低点，

所以 $O_1N \perp$ 底面 $ABCDEF$，从而 M,O_1,N,A 共线，

因为正六棱锥 $P-ABCDEF$ 的底面边长为 1，所以 $AD=2$，

因为四边形 $ADGN$ 为矩形，所以 $NG//AD$，且 $NG=AD=2$，

因为 P 为 NG 中点，$NP//AD$，且 $NP=\frac{1}{2}AD=1$，

所以在 $\triangle O_1AD$ 中，NP 为 $\triangle O_1AD$ 的中位线，从而 N 为 O_1A 中点，所以 $O_1N=AN=1$，

故 $M(1,0,3)$，$C\left(-\frac{1}{2}, \frac{\sqrt{3}}{2}, 0\right)$，$D(-1,0,0)$，$\overrightarrow{DC}=\left(\frac{1}{2}, \frac{\sqrt{3}}{2}, 0\right)$，

$\overrightarrow{DM}=(2,0,3)$，

设平面 MCD 的法向量为 $\overrightarrow{m}=(x,y,z)$，

由 $\begin{cases} \overrightarrow{m} \cdot \overrightarrow{DC}=0 \\ \overrightarrow{m} \cdot \overrightarrow{DM}=0 \end{cases} \Rightarrow \begin{cases} \frac{x}{2}+\frac{\sqrt{3}}{2}y=0 \\ 2x+3z=0 \end{cases}$

令 $x=1$，则 $y=-\frac{\sqrt{3}}{3}$，$z=-\frac{2}{3}$，所以 $\overrightarrow{m}=\left(1, -\frac{\sqrt{3}}{3}, -\frac{2}{3}\right)$，

平面 $ABCDEF$ 的法向量为 $\overrightarrow{n}=\overrightarrow{OP}=(0,0,1)$，

设二面角 $M-CD-A$ 的平面角为 θ，

则 $\cos\theta=\cos(\pi-\langle\vec{m},\vec{n}\rangle)=-\cos\langle\vec{m},\vec{n}\rangle=-\dfrac{\vec{m}\cdot\vec{n}}{|\vec{m}|\cdot|\vec{n}|}=\dfrac{1}{2}$，因此 $\theta=\dfrac{\pi}{3}$，

即二面角 $M\text{-}CD\text{-}A$ 的大小为 $\dfrac{\pi}{3}$。

基于灵感的原创命题 8：如图 5-3 所示，已知平面六边形 $ABCDEF$，$FB=BC=AD=AE=1$，$CD=AB=EF=2$，四边形 $ABCD$ 与四边形 $ABEF$ 均为平行四边形，且 $AF=2$，$\angle ABC=\dfrac{\pi}{3}$。将平行四边形 $ABEF$ 沿 AB 折起至

$\angle FBC=\dfrac{\pi}{3}$，连接 CF,DE 形成几何体 W。

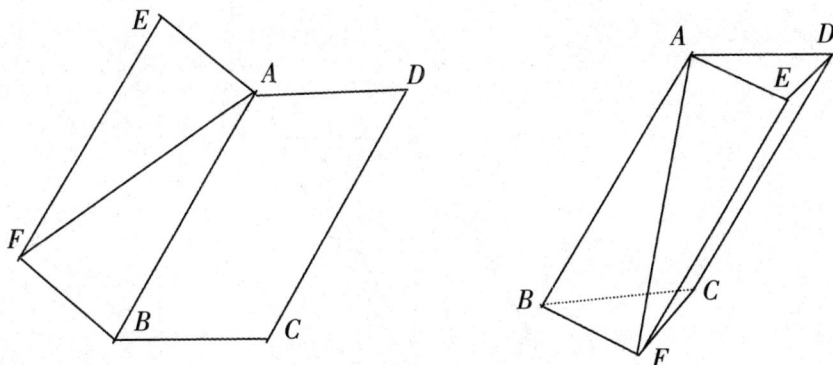

图 5-3

(1)证明：平面 $BCF\perp$ 平面 $ABCD$；

(2)若点 G,H 分别为线段 BF,CF 上的动点，且满足 $BG+CH=1$，求三棱锥 $F\text{-}AGH$ 的体积最大值；

(3)若点 M 为线段 DE 上的动点，当直线 CM 与平面 BCF 所成角 α 最大时，求平面 BCM 与平面 BCF 所成锐二面角 β 的正切值。

将图 5-4 中的线段 a,b,c,d,e,f,g,h,i 移动连接可得图 5-5 所示平面六边形 $ABCDEF$。

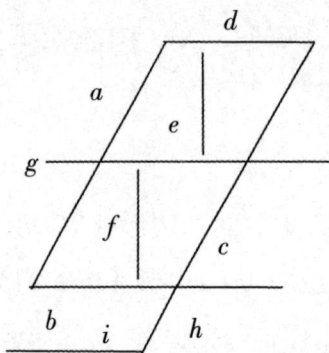

图 5-4

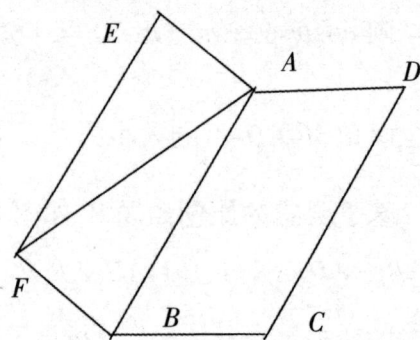

图 5-5

解:(1)如图 5-6 所示,连接 AC,由题知在 $\triangle ABC$ 中,因为 $AB=2$,

$BC=1$,$\angle ABC=\dfrac{\pi}{3}$,

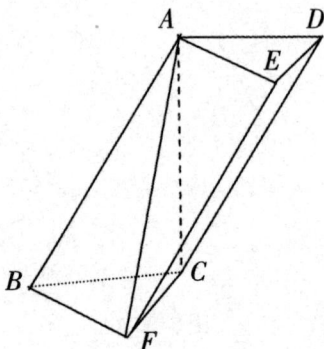

图 5-6

所以 $AC^2=AB^2+BC^2-2AB\times BC\times\cos\angle ABC=3$,所以 $AC=\sqrt{3}$,

因为 $\angle FBC=\dfrac{\pi}{3}$,$BC=1=BF$,所以 $FC=1$,

又因为 $AF=2$,所以在 $\triangle AFC$ 中,$AF^2=CF^2+AC^2$,

所以 $AC\perp CF$,$AC\perp BC$,

又因为 $CF\cap BC=C$,所以 $AC\perp$ 平面 BCF,

又因为 $AC \subset$ 平面 $ABCD$，所以平面 $BCF \perp$ 平面 $ABCD$。

(2) 由题知，$V_{F-AGH}=V_{A-FGH}=\dfrac{1}{3} \times S_{\triangle FGH} \times |AC|=\dfrac{1}{4}|FG||FH| \leqslant \dfrac{1}{4}$

$\left(\dfrac{|FG|+|FH|}{2}\right)^2=\dfrac{1}{16}$，等号当且仅当 $|FG|=|FH|=\dfrac{1}{2}$ 时取。

(3)由题知，直线 CM 与平面 BCF 所成角 α 等于直线 CM 与平面 ADE 所成角。

由(1)知，$AC \perp$ 平面 BCF，因为 $|AM| \geqslant \dfrac{\sqrt{3}}{2}$，所以 $\tan\alpha=\dfrac{|AC|}{|AM|} \leqslant 2$，等号当仅当 M 为 DE 中点时取。

延长 BC 到 P 使得 $|BC|=|CP|$，在面 BCF 内过点 F 做 $FQ//BC$ 且 $|FQ|=|BC|$，连接 PQ，取 PQ 的中点 K，则 $MK//QE//AC$，所以 $MK \perp$ 平面 BCF。

在面 BCF 内做 $KS \perp BP$ 于 S，连接 SM，

所以 $\angle MSK=\beta$，则 $\tan \beta=\dfrac{|MK|}{|KS|}=\dfrac{\sqrt{3}}{\dfrac{\sqrt{3}}{4}}=4$。

基于灵感的原创命题 9： 在非零数列 $\{a_n\}$ 中，$a_n=2a_{2n-1}$，$a_{2n+1}-a_{2n}=2$，$a_1=1$。在数列 $\{b_n\}$ 中，$b_n=2a_{2n-1}+a_{2n}+6$，$n \in N^*$。

(1)证明 $\{b_n\}$ 为等比数列，并求 $\{b_n\}$ 的通项公式；

(2)求数列 $\{a_n\}$ 的前 $2n$ 项和 S_{2n}。

(1)**证明：** 由题知，$a_n=2a_{2n-1}$，$a_{2n+1}-a_{2n}=2$，$a_{2n+2}=2a_{2n+1}$，

所以 $\dfrac{b_{n+1}}{b_n}=\dfrac{a_{2n+1}+a_{2n+2}+6}{a_{2n-1}+a_{2n}+6}=\dfrac{3a_{2n+1}+6}{\dfrac{3}{2}a_{2n}+6}=\dfrac{3a_{2n}+12}{\dfrac{3}{2}a_{2n}+6}=2$，

$a_2=2a_1=2$，$b_2=a_2+a_1+6=9$，

所以 $\{b_n\}$ 是首项为 $b_1=9$，公比为 2 的等比数列 $b_n=9\times2^{n-1}$。

(2)因为 $a_{2n-1}+a_{2n}=b_n-6$，所以，$a_1+a_2=b_1-6$，$a_3+a_4=b_2-6$，$a_5+a_6=b_3-6$，

所以 $S_{2n}=b_1+b_2+b_3+\cdots+b_{n-1}+b_n-6n=\dfrac{9(1-2^n)}{1-2}-6n=9\times2^n-6n-9$。

基于灵感的原创命题 10：等差数列 $\{a_n\}$ 的前 $2n$ 项和为 $S_{2n}=2n^2+n$，

数列 $\{b_n\}$ 的前 n 项和为 $T_n=2^n-1$。

(1)求数列 $\{a_n\}$，$\{b_n\}$ 的通项公式；

(2)求数列 $\{\cos(b_n\pi-a_n\pi)\}$ 的前 $2n$ 项和 W_{2n}。

解：(1)由题知，$\begin{cases}S_2=a_1+a_2=3\\S_4=a_1+a_2+a_3+a_4=2S_2+4d=10\end{cases}\Rightarrow\begin{cases}d=1\\a_1=1\end{cases}$，所以 $a_n=n$；

由题知，$b_n=\begin{cases}T_1,n=1\\T_n-T_{n-1},n\geqslant2\end{cases}$，所以 $b_n=2^{n-1}$。

(2)$\cos(b_n\pi-a_n\pi)=\cos(2^{n-1}-n)\pi$，

当 $n=1$ 时，$\cos(b_1\pi-a_1\pi)=\cos0=1$；

当 $n=2$ 时，$\cos(b_2\pi-a_2\pi)=\cos0=1$；

当 $n=2k+1$，$k\in N^*$ 时，$\cos(b_n\pi-a_n\pi)=\cos(2^{n-1}-n)\pi=-1$；

当 $n=2k$，$k\in N^*$ 时，$\cos(b_n\pi-a_n\pi)=\cos(2^{n-1}-n)\pi=1$。

综上可知，$W_{2n}=2$。

基于灵感的原创命题 11：如图 5-7 所示，在等腰直角 $\triangle ABC$ 中，动点 E,F 分别在线段 BC,AB 上，且 $AB\perp AC$，$EF/\!/AC$，$AB=10$。

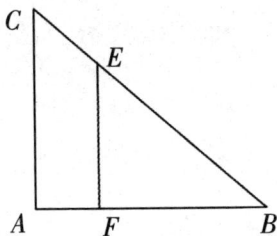

图 5-7

(1)当 $\angle AFC = \dfrac{\pi}{3}$，时，求 CE 的长度；

(2)将 $\triangle BEF$ 沿 EF 折起至面 $BEF \perp$ 面 $ACEF$，求四棱锥 $B-ACEF$ 体积最大时 EF 的长度；

(3) 在线段 BC 上依次取点 $E_1, E_2, \cdots, E_{99}$，使得 $BE_1 = \dfrac{BC}{2}$，$BE_2 =$

$\dfrac{BE_1}{2}, \cdots, BE_{99} = \dfrac{BE_{98}}{2}$；在射线 BA 上依次取点 $F_1, F_2, \cdots, F_{99}$，使得 $BF_1 = 1 =$

$BF_2 - BF_1 = BF_3 - BF_2 = \cdots = BF_{99} - BF_{98}$。求 $SF_{\triangle BE_1F_1} + SF_{\triangle BE_2F_2} + SF_{\triangle BE_3F_3} + \cdots + SF_{\triangle BE_{99}F_{99}}$ 的值。

解：(1)连接 AE，由正弦定理，在 $\triangle AEC$ 中，$\dfrac{CE}{\sin \angle CAE} = \dfrac{AE}{\sin \angle C}$，所

以 $CE = \dfrac{10}{3}\sqrt{6}$。

(2)设 $t = BF \in (0,10)$，则 $V_{B-ACEF} = \dfrac{1}{3} \times S_{ACEF} \times BF = \dfrac{t(100-t^2)}{6}$。

令 $f(t) = -t^3 + 100t$，则 $f'(t) = -3t^2 + 100t$，

令 $f'(t) = 0$，$t = \dfrac{10\sqrt{3}}{3}$，所以当 $t \in \left(0, \dfrac{10\sqrt{3}}{3}\right)$ 时，$f'(t) > 0$；当

$t \in \left(\dfrac{10\sqrt{3}}{3}, 10\right)$ 时，$f'(t) < 0$，

所以 $f(t) \leqslant f\left(\dfrac{10\sqrt{3}}{3}\right)$，即四棱锥 $B\text{-}ACEF$ 的体积最大时 $EF=BF=$

$\dfrac{10\sqrt{3}}{3}$。

（3）由题知，$n \geqslant 2, n \in N^*$，$\dfrac{BE_n}{BE_{n-1}}=\dfrac{1}{2}$，且 $BE_1=\dfrac{10\sqrt{2}}{2}$，所以 $BE_n=$

$\dfrac{10\sqrt{2}}{2^n}(1 \leqslant n \leqslant 99, n \in N^*)$，

由题知，$BF_n-BF_{n-1}=1, BF_1=1$，所以 $BF_n=n(1 \leqslant n \leqslant 99, n \in N^*)$，

所以 $S_{\triangle BE_nF_n}=\dfrac{1}{2} \times BE_n \times BF_n \times \sin B=5 \times \dfrac{n}{2^n}(1 \leqslant n \leqslant 99, n \in N^*)$，

所以 $SF_{\triangle BE_1F_1}+SF_{\triangle BE_2F_2}+SF_{\triangle BE_3F_3}+\cdots+SF_{\triangle BE_{99}F_{99}}=5\left(\dfrac{1}{2^1}+\dfrac{2}{2^1}+\cdots+\dfrac{99}{2^{99}}\right)$，

令 $S=\dfrac{1}{2^1}+\dfrac{2}{2^1}+\cdots+\dfrac{99}{2^{99}}$，所以 $\dfrac{S}{2}=\dfrac{1}{2^1}+\dfrac{2}{2^3}+\cdots+\dfrac{98}{2^{99}}+\dfrac{99}{2^{100}}$，

所以 $\dfrac{S}{2}=\dfrac{1}{2^1}+\dfrac{1}{2^2}+\dfrac{1}{2^3}+\cdots+\dfrac{1}{2^{99}}+\dfrac{99}{2^{100}}$，即 $S=2-\dfrac{101}{2^{99}}$，

所以 $SF_{\triangle BE_1F_1}+SF_{\triangle BE_2F_2}+SF_{\triangle BE_3F_3}+\cdots+SF_{\triangle BE_{99}F_{99}}=5\left(2-\dfrac{101}{2^{99}}\right)$。

第六章　2020年高考数学研究报告

"昨夜星辰昨夜风,画楼西畔桂堂东。身无彩凤双飞翼,心有灵犀一点通。"

经历2020年数学新高考卷Ⅰ洗礼后,各有所得所思所悟所问。"高考不过如此"的断定未免肤浅,自以为运筹帷幄却往往措手不及。因此建议站在命题者角度,高屋建瓴,培养如下思维。

1.“交集思维”:敬畏热爱高考,抽丝剥茧溯源《课标》和教材等

"喜怒哀乐我深锁,只因你在天涯尽头等着我。"

一道高考真题既是《中国高考评价体系》《高考评价体系的数学科考试内容改革实施路径》《普通高中课程标准 (2017年版2020年修订)》、教材等的交集,也是知识、方法、能力、素养等的交集。盘根错节,不可小觑。故应对其进行不同视角的解法研究、不同层次不同类型的变式研究,入木三分,追根溯源,打破就题论题的桎梏,实现举一反三、举三反一的升华。

2.“并集思维”:基于“高考真题体系”构建高中数学学科体系

"一叶蔽目,不见泰山;两豆塞耳,不闻雷声。"

一道高考真题是基于学科体系下的一次实践,题目经过取舍和优化后仅呈现命题过程的冰山一角,研究高考绝非邯郸学步。高考题中出现过诸如“循环命题”的“复古”现象,甚至有对十几年前的“再回首”;也

涌现大量创新题目！我们首先应建立"高考真题体系"，伴随发展高中数学学科体系，并基于此构建科学的教学与备考生态。

3."补集思维"：筑牢必备知识、指导达成必备技能

"螳螂捕蝉，黄雀在后。"

高考真题是考查必备知识、必备技能的载体，其本身的"补集"是知识与技能。很多高考题目看似已纳于股掌之间，但学生依旧在概念、审题、规范、运算、思维等处"失足"。遇到新题难题，学生的第一反应往往是"怎么没见过？"——片面的套路训练导致管中窥豹！故应以高考真题为载体落实必备知识与技能。

纵观 2020 年高考数学全国新高考 I 卷，结合《中国高考评价体系》，不难发现，整套题目的设计紧密贴合"一核、四层、四翼"的组成结构，落实立德树人的根本任务，发挥高考的积极导向作用，强力助推教育公平，保障了高考内容改革持续深化和教育领域综合改革纵深推进。在题目的具体设置上，试题重视对学科素养和关键能力的考查，并从基础、综合、应用、创新的角度，通过设计真实问题情境，关注我国科学防疫的成果，体现数学文化，贯彻全面育人的要求。下面就具体题目进行评析。

一、优化情境设计，渗透数学文化、体现全面育人的核心目标

《中国高考评价体系》规定了高考的考查载体——情境，以此承载考查内容，实现考查目的。情境设置第一关就考验学生的阅读能力，即进行有效输入、编码、储存各种形式的信息的综合品质。该品质就是学科素养的一级指标之一："学习掌握"。一级指标还包括"实践探索"，是组织整合相应的知识与能力、运用不同的技术方法进行各种操作活动以解决问题的综合品质；"思维方法"，是进行独立思考和探索创新的内

在认知品质。

关键能力是指学习者在面对与学科相关的生活实践或学习探索问题情境时,高质量地认识问题、分析问题、解决问题所必须具备的能力,包括知识获取能力、实践操作能力、思维认知能力。这三方面的能力与学科素养的三个一级指标相呼应,是支撑和体现学科素养要求的能力表征,是使学习者适应时代要求并支撑其终身发展的能力,是培育核心价值、发展学科素养所必须具备的能力基础,是高水平人才素质的重要组成部分。

2020年高考数学全国新高考Ⅰ卷秉持如上考查目标,第4、6、12、15、19题,依次通过铺垫文化背景、时事信息、抽象概念、劳动场景、统计背景,把数学问题隐藏其中,考生必须通过对情境的阅读理解,有效审题,提炼出数学模型,经历"探索问题—发现问题—分析问题—解决问题"的过程。这既是对学科素养的考查,也符合高考评价体系中对关键能力的考查。

第4题以中国古代测定时间的仪器——日晷为背景,考查考生的空间想象能力、分析问题能力,通过对数学文化的渗透,提升文化自信,从而提升制度自信,彰显高考的育人功能。

第5题关注学生的体育运动与体育锻炼;第6题关注新冠肺炎初始阶段,病例随时间的变化规律。通过数学模型和统计数据,引导考生增强健康意识,从而注重增强体质,珍爱生命,热爱生活。

第15题创设了一个劳动场景:在学生设计零件过程中,给暴露在空气中的部分刷漆, 需要计算刷漆部分的面积。在考查几何知识的同时,培养学生的数学应用意识,提高学生对劳动实践的兴趣,崇尚劳动,尊重劳动。

这些题目的设计围绕了高考评价体系的核心目标, 即坚持以习近平新时代中国特色社会主义思想为指导,落实立德树人根本任务,充分发挥考试的引导作用,切实体现高考的育人功能,形成人才选拔、考试评价、教育引导和教学反拨的一体化新格局。

二、打破套路桎梏,引入多选题和结构不良的新题型

2020 年是高考数学全国新高考 I 卷的开端之年,试卷在题型和试卷结构上进行了创新性改革,引入了多选题和结构不良的新题型。结构不良问题是相对于结构良好问题而言的, 结构良好问题往往条件清晰明确,结论统一。但是,我们在现实当中遇到的问题经常都不是结构良好问题,可能缺少解决问题的必要条件或者某个条件存在变数,其结论也是多样化的,甚至在某些特定条件下问题是无解的,问题的解决过程更是千差万别。结构不良试题的引入,有效地考查了考生建构数学问题的能力,以及分析问题和解决问题的能力。结构不良试题具有很好的开放性,对数学理解能力、数学探究能力的考查是积极的、深刻的。

【真题再现】

(2020 新高考 I,17)在①$ac=\sqrt{3}$,②$c\sin A=3$,③$c=\sqrt{3}\,b$ 这三个条件中任选一个,补充在下面问题中,若问题中的三角形存在,求 c 的值;若问题的三角形不存在,说明理由。

问题:是否存在 $\triangle ABC$,它的内角 A,B,C 的对边分别为 a,b,c,且 $\sin A=\sqrt{3}\,\sin B,C=\dfrac{\pi}{6}$?

注:如果选择多个条件分别解答,按第一个解答计分。

【题目分析】

该题以解三角形为背景设计,考查正余弦定理的综合应用。给定了若干条件(在这些条件下三角形并不能随之确定),在此基础上让学生

在另外给出的几个条件中自主选择,在自己所选条件下,若问题中的三角形存在,求解三角形;若问题中的三角形不存在,说明理由。这个选择本身就是试题要考查的内容之一,不同的选择可能导致不同的结论,难度与用时也会有所区别。结构不良试题的命制,引导学生的思维从知识的习得与记忆更多地转向问题的解决、策略的选择,使得数学应用在思维层面真正发生。

【教学建议】

高考试题越来越注重数学本质的考查,在备考过程中,要注重结论的形成过程,通过数学思维的培养,提升问题转化和解决的能力。教师应大胆放手,多给学生时间独立思考,从而真正提升考生的能力。

三、追同根溯同源,取材课本与既往高考真题

高考的改革与创新,根本上是对评价方式的改革与创新,而在知识的选择上,始终保持对教材的忠诚。

(2020 新高考 I ,6) 基本再生数 R_0 与世代间隔 T 是新冠肺炎的流行病学基本参数。基本再生数指一个感染者传染的平均人数,世代间隔指相邻两代间传染所需的平均时间。在新冠肺炎疫情初始阶段,可以用指数模型:$I(t)=e^{rt}$ 描述累计感染病例数 $I(t)$ 随时间 t(单位:天)的变化规律,指数增长率 r 与 R_0,T 近似满足 $R_0=1+rt$。有学者基于已有数据估计出 $R_0=3.28$,$T=6$。据此,在新冠肺炎疫情初始阶段,累计感染病例数增加 1 倍需要的时间约为(ln2≈0.69)(　　　)。

详解:因为 $R_0=3.28$,$T=6$,$R_0=1+rT$,所以 $r=\dfrac{3.28-1}{6}=0.38$,

所以 $I(t)=e^{rt}=e^{0.38t}$,

设在新冠肺炎疫情初始阶段,累计感染病例数增加 1 倍需要的时间

为 t_1 天，则 $e^{0.38(t+t_1)}=2e^{0.38t}$，所以 $e^{0.38t_1}=2$，所以 $0.38t_1=\ln2$，

所以 $t_1=\dfrac{\ln2}{0.38}\approx\dfrac{0.69}{0.38}\approx1.8$ 天。

本题考查了指数型函数模型的应用，先定量求参，然后转化为对数问题，属于基础题。溯源课本，2019 人教 A 版教材第四章中，类似问题比比皆是，其中典例如图 6-1 所示。

例3　人口问题是当今世界各国普遍关注的问题. 认识人口数量的变化规律，可以为制定一系列相关政策提供依据. 早在 1798 年，英国经济学家马尔萨斯（T. R. Malthus, 1766—1834）就提出了自然状态下的人口增长模型

$$y=y_0e^{rt},$$

其中 t 表示经过的时间，y_0 表示 $t=0$ 时的人口数，r 表示人口的年平均增长率.

> 尽管对马尔萨斯人口理论存在一些争议，但它对人口学和经济学的发展都产生了一定的影响. 上网了解，还有哪些人口模型，它们与我们所学的函数有怎样的关系？

表 4.5-4 是 1950~1959 年我国的人口数据资料：

表 4.5-4

年份	1950	1951	1952	1953	1954	1955	1956	1957	1958	1959
人口数/万	55 196	56 300	57 482	58 796	60 266	61 456	62 828	64 563	65 994	67 207

（1）如果以各年人口增长率的平均值作为我国这一时期的人口增长率（精确到 0.000 1），用马尔萨斯人口增长模型建立我国在这一时期的具体人口增长模型，并检验所得模型与实际人口数据是否相符；

（2）如果按表 4.5-4 的增长趋势，那么大约在哪一年我国的人口数达到 13 亿？

分析：用马尔萨斯人口增长模型建立具体人口增长模型，就是要确定其中的初始量 y_0 和年平均增长率 r.

解：（1）设 1951~1959 年我国各年的人口增长率分别为 r_1, r_2, …, r_9. 由

$$55\ 196(1+r_1)=56\ 300,$$

可得 1951 年的人口增长率 $r_1\approx0.020\ 0$.

同理可得，$r_2\approx0.021\ 0$，$r_3\approx0.022\ 9$，$r_4\approx0.025\ 0$，$r_5\approx0.019\ 7$，$r_6\approx0.022\ 3$，$r_7\approx0.027\ 6$，$r_8\approx0.022\ 2$，$r_9\approx0.018\ 4$.

于是，1951~1959 年期间，我国人口的年平均增长率为

$$r=(r_1+r_2+\cdots+r_9)\div9\approx0.022\ 1.$$

令 $y_0=55\ 196$，则我国在 1950~1959 年期间的人口增长模型为

$$y=55\ 196e^{0.022\ 1t},\ t\in\mathbf{N}.$$

（2）将 $y=130\ 000$ 代入

$$y=55\ 196e^{0.022\ 1t},$$

由计算工具得

$$t\approx38.76.$$

所以，如果按表 4.5-4 的增长趋势，那么大约在 1950 年后的第 39 年（即 1989 年）我国的人口就已达到 13 亿.

图 6-1

除此,高考题在追溯既往题库时,也不咎久远。

信息熵的性质,由于题型的设置,可以使用特殊值法,轻松解决。溯源2005年全国卷 I 最后一题,也可以找到相通点。

(2020新高考 I ,12) 信息熵是信息论中的一个重要概念。设随机变量 X 所有可能的取值为 $1,2,\cdots,n$,且 $P(X=i)=p_i>0(i=1,2,\cdots,n)$,$\sum\limits_{i=1}^{n}p_i=1$,定义 X 的信息熵 $H(X)=-\sum\limits_{i=1}^{n}p_i\log_2 p_i$。(　　　)

A.若 $n=1$,则 $H(X)=0$

B.若 $n=2$,则 $H(X)$ 随着 p_1 的增大而增大

C.若 $p_i=\dfrac{1}{n}(i=1,2,\cdots,n)$,则 $H(X)$ 随着 n 的增大而增大

D.若 $n=2m$,随机变量 Y 所有可能的取值为 $1,2,\cdots,m$,且 $P(Y=j)=p_j+p_{2m+1-j}(j=1,2,\cdots,m)$,则 $H(X)\leqslant H(Y)$

(2005全国卷 I ,理22)

(1)设函数 $f(x)=x\log_2 x+(1-x)\log_2(1-x)(0<x<1)$,求 $f(x)$ 的最小值;

(2)设正数 $p_1,p_2,p_3,\cdots,p_{2^n}$ 满足 $p_1+p_2+p_3+\cdots+p_{2^n}=1$,证明:

$p_1\log_2 p_1+p_2\log_2 p_2+p_3\log_2 p_3+\cdots+p_{2^n}\log_2 p_{2^n}\geqslant -n$。

(2020新高考 I ,18) 已知公比大于1的等比数列 $\{a_n\}$ 满足 $a_2+a_4=20,a_3=8$。

(1)求 $\{a_n\}$ 的通项公式;

(2)记 b_m 为 $\{a_n\}$ 在区间 $(0,m](m\in N^*)$ 中的项的个数,求数列 $\{b_m\}$ 的前100项和 S_{100}。

高考题溯源1:**(2012山东,理20)** 在等差数列 $\{a_n\}$ 中,$a_3+a_4+a_5=84$,$a_9=73$。

(1)求数列$\{a_n\}$的通项公式;

(2)对任意$m \in N^*$,将数列$\{a_n\}$中落入区间$(9^m, 9^{2m})$内的项的个数记为b_m,求数列$\{b_m\}$的前m项和S_m。

高考题溯源2:(2016,全国Ⅱ,理17)S_n为等差数列$\{a_n\}$的前n项和,且$a_1=1$,$S_7=28$。记$b_n=[\lg a_n]$,其中$[x]$表示不超过x的最大整数,如$[0.9]=0$,$[\lg 99=1]$。

(1)求b_1, b_{11}, b_{101};

(2)求数列$\{b_n\}$的前1000项和。

上述问题均可以通过观察数列$\{a_n\}$各项的规律,先归纳,后演绎,得出数列$\{a_n\}$的通项,再继续作答。

对平面向量投影的使用,第8题的函数性质的结合,第13题弦长问题,14题的数列问题,都可以在教材或者高考真题中找到原型。所以单纯从学科知识层面教与学的实际角度来看,高考是导向,教材才是关键,是学科知识的溯源地。素材无新旧,经典永流传。往年的高考题、模拟题、竞赛题等在2020年高考中若隐若现。万变不离其宗。有些通法可能是"拙法",经过磨砺、思考、感悟才可能创造巧法。

四、"阳马"再现,命题视角拓宽;回归长方体,变式启示升华

(2020新高考Ⅰ,20)如图6-2所示,四棱锥P-$ABCD$的底面为正方形,$PD \perp$底面$ABCD$。设平面PAD与平面PBC的交线为l。

(1)证明:$l \perp$平面PDC;

(2)已知$PD=AD=1$,Q为l上的点,求PB与平面QCD所成角的正弦值的最大值。

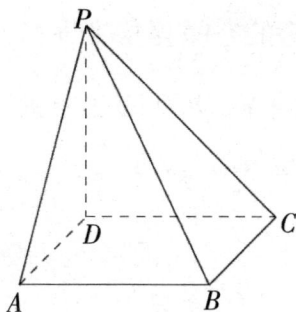

图 6-2

评析:该题考查立体几何,涉及的知识点有线面平行的判定定理和性质定理,线面垂直的判定定理和性质定理,利用空间向量求线面角,利用基本不等式求最值。题目综合性较强,考查学生直观想象、逻辑推理、数学运算等素养。

本题的难点有两个:

①对平面 PAD 与平面 PBC 的交线 l 的理解——是联想到线面平行的性质定理(性质定理涉及两个面的交线),还是通过辅助线确定这条交线;

②线面角的正弦值的最值求解。

第一问常见方法有二:

【方法一】运用线面平行的性质定理得出线线平行,有效避免了对交线位置的寻找,尽管交线不知在何处,但通过逻辑推理不难得证。体现出对性质定理的熟练应用。

【方法二】通过正方体这一模型,将平面 PAD 与平面 PBC 分别延展,直观地找出交线 l,再利用正方体中的平行垂直关系轻易证出,两种方法各有千秋。

第二问常见方法也有二:

【方法一】利用空间向量建系求解。

根据题意,建立相应的空间直角坐标系,得到相应点的坐标,设出

点 $Q(m,0,1)$,之后求得平面 QCD 的法向量以及向量 $\overrightarrow{PB}$ 的坐标,求得

$\cos\langle\vec{n},\overrightarrow{PB}\rangle$ 的最大值,即为直线 PB 与平面 QCD 所成角的正弦值的最大

值。解答如下:

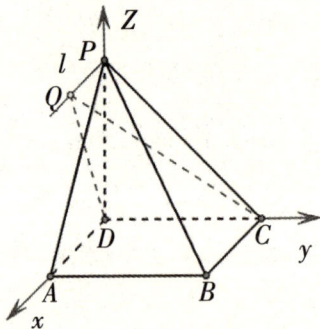

图 6-3

如图 6-3 所示,建立空间直角坐标系 $D-xyz$,

因为 $PD=AD=1$,则有 $D(0,0,0),C(0,1,0),A(1,0,0),P(0,0,1)$,

$B(1,1,0)$,

设 $Q(m,0,1)$,则有 $\overrightarrow{DC}=(0,1,0),\overrightarrow{DQ}=(m,0,1),\overrightarrow{PB}=(1,1,-1)$,

设平面 QCD 的法向量为 $\vec{n}=(x,y,z)$,

则 $\begin{cases}\overrightarrow{DC}\cdot\vec{n}=0\\\overrightarrow{DQ}\cdot\vec{n}=0\end{cases}$,即 $\begin{cases}y=0\\mx+z=0\end{cases}$,

令 $x=1$,则 $z=-m$,所以平面 QCD 的一个法向量为 $\vec{n}=(1,0,-m)$,则

$$\cos\langle\vec{n},\overrightarrow{PB}\rangle=\frac{\vec{n}\cdot\overrightarrow{PB}}{2}=\frac{\vec{n}\cdot\overrightarrow{PB}}{|\vec{n}||\overrightarrow{PB}|}=\frac{1+0+m}{\sqrt{3}\cdot\sqrt{m^2+1}}。$$

设 PB 与平面 QCD 所成角为 θ,则

$$\sin\theta=\left|\cos\langle\vec{n},\overrightarrow{PB}\rangle\right|=\frac{|1+m|}{\sqrt{3}\cdot\sqrt{m^2+1}}=\frac{\sqrt{3}}{3}\cdot\sqrt{\frac{1+2m+m^2}{m^2+1}}=\frac{\sqrt{3}}{3}\cdot$$

$$\sqrt{1+\frac{2m}{m^2+1}}\leqslant\frac{\sqrt{3}}{3}\cdot\sqrt{1+\frac{2|m|}{m^2+1}}\leqslant\frac{\sqrt{3}}{3}\times\sqrt{1+1}=\frac{\sqrt{6}}{3}，当且仅当$$

$m=1$ 时取等号，

所以直线 PB 与平面 QCD 所成角的正弦值的最大值为 $\frac{\sqrt{6}}{3}$。

【方法二】几何法作出线面角求解。

四棱锥 $P\text{-}ABCD$ 是正方体的一个拐角，从而联想到正方体，通过几何法作出 PB 与平面 QCD 所成的角。利用等面积法求直角三角形斜边上的高 PF，利用三角形相似求得 PF，从而直线 PB 与平面 QCD 所成角的正弦值 $\sin\angle PEF=\dfrac{PF}{PE}$，再解决最值问题即可。解答如下：

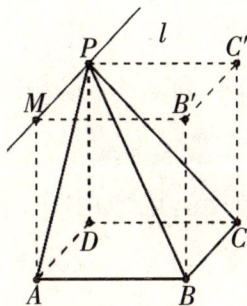

图 6-4

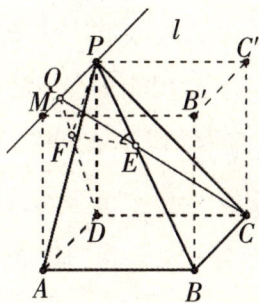

图 6-5

将四棱锥 $P\text{-}ABCD$ 置于图 6-4 所示的正方体模型中，则平面 PAD 与平面 PBC 的交线 l 为棱 PM 所在的直线。

如图 6-5 所示，因为 $PM/\!/BC$，所以 $PB\cap CQ=E$，过 P 作 $PF\perp QD$，垂足为 F，连接 EF。

因为 $CD\perp$ 平面 $PMAD$，$PF\subset$ 平面 $PMAD$，所以 $PF\perp CD$，

又因为 $QD\cap CD=D$，所以 $PF\perp$ 平面 QCD，$\angle PEF$ 是 PB 与平面 QCD

所成角。

设 $PQ=m$, 在 ΔQPD 中, $DQ=\sqrt{m^2+1}$。

由 $S_{\Delta QPD}=\dfrac{1}{2}\times PF\times\sqrt{m^2+1}=\dfrac{1}{2}\times m\times 1$, 得 $PF=\dfrac{m}{\sqrt{m^2+1}}$, $PB=\sqrt{3}$

由 $\Delta QPE\backsim\Delta BCE$ 得 $\dfrac{PE}{\sqrt{3}-PE}=\dfrac{m}{1}$, 从而 $PE=\dfrac{\sqrt{3}\,m}{m+1}$,

在 $Rt\Delta PFE$ 中, $\sin\angle PEF=\dfrac{PF}{PE}=\dfrac{|1+m|}{\sqrt{3}\cdot\sqrt{m^2+1}}=\dfrac{\sqrt{3}}{3}\cdot\sqrt{\dfrac{1+2m+m^2}{m^2+1}}$

$=\dfrac{\sqrt{3}}{3}\cdot\sqrt{1+\dfrac{2m}{m^2+1}}\leqslant\dfrac{\sqrt{3}}{3}\cdot\sqrt{1+\dfrac{2|m|}{m^2+1}}\leqslant\dfrac{\sqrt{3}}{3}\cdot\sqrt{1+1}=\dfrac{\sqrt{6}}{3}$。

当且仅当 $m=1$ 时取等号, 所以直线 PB 与平面 QCD 所成角的正弦值的最大值为 $\dfrac{\sqrt{6}}{3}$。

总结: 本题虽然采用了常见的立体几何载体, 也考察了立体几何的重点知识、方法和能力, 但是设问的视角有所创新, 打破"开门见山"的刻板风格, 通过"灵活设问"考察学生的知识、能力和素养。本题也提醒我们: 高考备考必须基于学科体系, 而不能投机化地用"三年高考五年模拟"来代替体系备考, 比如近年来高考题鲜有涉及"线面平行"性质定理, 如果因此淡化则可能得不偿失。

本题所考查的空间几何体与 2019 年山东模考题第 19 题类似, 均为"阳马"。

(2019 山东模考, 19) 如图 6-6 所示, 四棱锥 $S-ABCD$ 中, 底面 $ABCD$ 为矩形, $SA\perp$ 平面 $ABCD$, E,F 分别为 AD,SC 的中点, EF 与平面 $ABCD$ 所成的角为 $45°$。

(1)证明: EF 为异面直线 AD 与 SC 的公垂线;

(2)若 $EF=\dfrac{1}{2}BC$,求二面角 $B\text{-}SC\text{-}D$ 的余弦值。

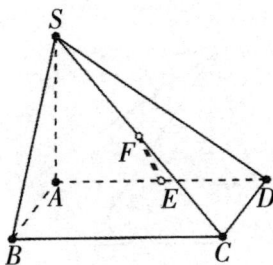

图 6-6

教材是高中数学教学的主要载体,也是高考命题的重要依据。观察近年高考试题不难发现教材例题或习题的身影,本题亦然。教材对几何体"阳马"的体现如下。

(**教材 2019 人教 A 版选择性必修第一册第 39 页例 10**)如图 6-7 所示,在四棱锥 $P\text{-}ABCD$ 中,底面 $ABCD$ 是正方形,侧棱 $PD\perp$ 底面 $ABCD$,$PD=PC$,E 是 PC 的中点,作 $EF\perp PB$ 交于点 F。

(1)求证:$PA\,/\!/$ 平面 EDB;

(2)求证:$PB\perp$ 平面 EFD;

(3)求平面 CPB 与平面 PBD 的夹角的大小。

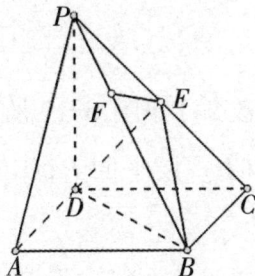

图 6-7

(**教材 2019 人教 A 版必修第二册第 152 页练习第 2 题**)如图 6-8

所示,四棱锥 $S\text{-}ABCD$ 的底面是正方形,$SD\perp$ 平面 $S\text{-}ABCD$,求证 $AC\perp$ 平面 SDB。

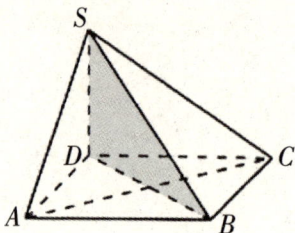

图 6-8

(**教材 2019 人教 A 版必修第二册第 164 页练习第 21 题**)如图 6-9 所示, 在四棱锥 $P\text{-}ABCD$ 中, 底面 $ABCD$ 为正方形,$PA\perp$ 底面 $ABCD$,$PA=AB$,E 为线段 PB 的中点,F 为线段 BC 上的动点,平面 AEF 与平面 PBC 是否互相垂直? 如果垂直,请证明;如果不垂直,请说明理由。

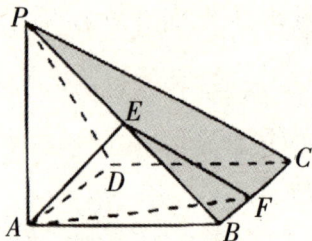

图 6-9

变式拓展:

(**2020 新高考Ⅰ,20,改编**)如图 6-10 所示,四棱锥 $P\text{-}ABCD$ 的底面为正方形,$PD\perp$ 底面 $ABCD$。设平面 PAD 与平面 PBC 的交线为 l。

(1)证明:$l\perp$ 平面 PDC;

(2)已知 $PD=AD=1$,Q 为 l 上的点,若 PB 与平面 QCD 所成的角为 $45°$,求 PQ 的长度。

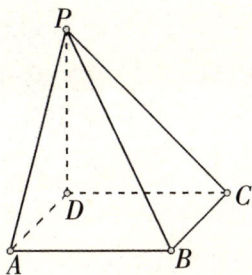

图 6-10

改编意图:将函数最值问题变为方程求解问题,降低了难度。

"阳马"也是球类题目的青睐模型,不妨简单编制变式命题如下。

如图 6-11 所示, 四棱锥 P–$ABCD$ 的底面为正方形,$PD\perp$ 底面 $ABCD$,$PD=AD=1$,

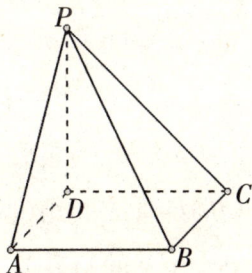

图 6-11

(1)若此四棱锥的所有顶点都在球 O 上,求球 O 的表面积;

(2)若在这个四棱锥内放一个球,求该球的体积的最大值;

(3)以顶点 P 为球心,以 $\dfrac{2\sqrt{3}}{3}$ 为半径作一个球,求该球面与底面 $ABCD$ 的交线长。

评析:三个设问借助"阳马"考查了球的切、接、交线问题,其中第(3)问与 2020 新高考卷 I 第 16 题考查方式相同。

除此之外,"阳马"这一空间几何体还可以设计更多的角度,编制一系列设问如下。

如图 6-12 所示，四棱锥 P-$ABCD$ 的底面为正方形，$PD \perp$ 底面 $ABCD$，$PD=AD=1$，E 为 PC 上一点。

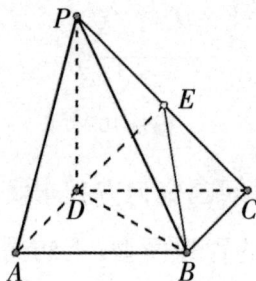

图 6-12

(1)求经过 BD 且平行于 PA 的截面面积；

(2)若 E 为 PC 的中点，证明：平面 $BDE \perp$ 平面 PBC；

(3)若 E 为 PC 的中点，求二面角 E-BD-P 的余弦值；

(4)若平面 PAD 与平面 BDE 所成的角为 $60°$，试确定点 E 的位置；

(5)求平面 PAD 与平面 BDE 所成的角的取值范围；

(6)当点 E 从点 C 运动到点 P 的过程中，直线 PA 与平面 BDE 所成的角的变化过程；

(7)设 $\triangle PAD$ 的重心为点 G，点 E 在什么位置时，GE 为异面直线 PC 与 DG 的公垂线？

评析：(1)截面问题，间接考查线面平行的证明，置于正方体模型中更易寻找和解答；

(2)常规题，考查线面垂直、面面垂直定理的应用；

(3)常规题，求解二面角的余弦值，可一题多解；

(4)此题运用空间向量建系求解为佳；

(5)二面角、线面角的范围问题，建系求解涉及最值较为复杂，而采取几何法分析清晰有效；

(6)借鉴 2019 年山东模考第 19 题考查方式，难度较大，建议置于正方体模型中思考解答，亦可运用空间向量建系的方法。

五、2020 年各地高考立体几何分析

(一)试题内容分析

表 6-1

地区	题号	分值	总分	题型			考　点
				选择题	填空题	解答题	
山东	4	5	22	√			面面平行、线面垂直
	16	5			√		线面垂直、立体几何中的轨迹
	20	12				√	线面平行、线面垂直、空间向量、基本不等式
北京	4	4	17	√			三视图、几何体表面积
	16	13				√	线面平行、线面角
天津	5	5	20	√			正方体外接球
	17	15				√	线线垂直、二面角、线面角
江苏	9	5	29	√			柱体体积
	15	14				√	线面平行、面面垂直
	24	10				√	异面直线所成角、二面角
浙江	5	4	29	√			三视图、柱体体积、锥体体积
	6	4		√			公理 1、公理 2
	14	6			√		圆锥侧面展开图
	19	15				√	空间点线面的位置关系、线面角
上海	15	5	19	√			空间点线面的位置关系
	17	14				√	旋转体表面积、线面角

1.分值对比

从表 6-1 中数据可以分析出，在 2020 年各地的数学高考题中，江苏和浙江对立体几何这一知识点的考查力度较大，分值均达到了 29 分，约占总分的 19%。山东卷次之，约占总分的 15%。这一数据表明，山东卷命题对立体几何的考察在广度和深度上都较其他地区更甚。

2.题型对比

从题型上看，山东卷对立体几何的考察较为全面，设置了"一选一填一解答"的组合模式。将立体几何作为卷Ⅰ的最后一题，利用常见几何体模型进行考察，低起点、高落点，对学生的空间想象能力有一定要求。解答题考察全面，延续了一贯的证明加计算的模式，利用常见棱锥模型的出题，看似简单，却利用隐交线考察了学生对定理的理解是否到位，不给学生通过背题刷题"偷工减料"的机会。除此之外，从题号上分析，山东卷将立体几何放在第 20 题的位置，可见对立体几何的考察难度有所加强。与此相对，各地高考客观题重点考查对公理及定理的理解运用，难度不大，会涉及较为简单的运算，或仅用立体几何作为背景来考察其他知识，多为基础题。而解答题也往往将立体几何作为中档题甚至低档题，考察定理的运用和空间角的计算，例如北京卷、天津卷，往往不在此设置难题。关注空间问题平面化、模型化和代数化。

3.题目内容

纵观 2020 年各地高考对立体几何知识的考察情况，我们可以将其分为以下几类：

(1)圆柱、圆锥、球体以及简单组合体的体积和表面积的计算；

(2)点、线、面的位置关系的判断和证明；

(3)空间角的证明与计算。

题目多以基础题、中档题为主，考查内容相对常见，同样的几何模型学生训练过很多，且都能溯源至课本原题，学生对这些题目比较熟悉。但其中值得注意的是，在各地的高考题中(新课标全国卷除外)，山东卷具有明显结合文化背景的倾向，如选择题第 4 题，题干中结合古人智慧日晷和地理知识设置题目，需要学生具有一定的建模能力，进而作图用图，解答该题。除此之外，山东卷中填空题的 16 题也是仅给出了文字描述，需要学生自己作图，考察学生的空间想象能力和作图用图能力，有意为之。

另外，由于新课标的要求，山东卷未对三视图进行考察，纵观各地试题，也只有北京卷和浙江卷对这一知识点进行了考察，分值均为 4 分，且仅作为载体，最终落点都是考察几何体体积或表面积。其实，早在 2019 年全国共 14 套高考试卷中，也仅有北京和浙江考察了三视图，可见各地对该知识点的考查呈淡化趋势。作为山东省备考来说，虽然新教材中删去了三视图的相关内容，但三视图是考察学生空间想象能力和识图用图能力的非常好的载体，在教学过程中建议广大高三教师稍作阐述，对学生也是一种很好的训练。

(二) 命题意图

2020 年的高考数学试题总体上体现了"一核四层四翼"的高考评价体系，命题严格依据考试大纲，突出数学的学科特点，考查学生的数学核心素养。山东卷命题注重立体几何知识与实际生活情景和优秀传统文化的结合，体现了"立德树人、服务选才、引导教学"的考察目的；各地命题均依托基本几何模型，考察学生数形结合、逻辑推理、抽象思维的能力，体现了 "必备知识、关键能力、学科素养、核心价值"的考查内容；山东卷解答题在常见几何模型的基础上进一步挖掘，考察了隐交线问题，突出了"基础性、综合性、应用性、创新性"的考察要求。

1.基础知识、基本技能、基本数学思想方法

2020 年立体几何高考命题总体来说注重学生的基本知识和基本技能,从试题对空间几何体的结构特征的考察,对空间点、线、面的位置关系的考察,以及对几何体表面积、体积和空间角的考察均能看出,高考试题在宏观上突出立体几何知识主干,在具体细节上往往会将两个或几个重点知识进行融合而进行综合考察。

例 1 (2020 新高考Ⅰ,16) 已知直四棱柱 $ABCD$-$A_1B_1C_1D_1$ 的棱长均为 2,$\angle BAD=60°$。以 D_1 为球心,$\sqrt{5}$ 为半径的球面与侧面 BCC_1B_1 的交线长为 _____。

解:如图 6-13 所示,取 B_1C_1 中点 E,BB_1 中点 F,CC_1 的中点 G,由勾股定理及几何体性质可知 $D_1E \perp EF$,$D_1E \perp EG$,易证 $D_1E \perp$ 面 B_1C_1CB,且 $D_1F=D_1G=\sqrt{5}$,所以侧面 B_1C_1CB 与球面的交线是扇形 EFG 的弧 $\overset{\frown}{FG}$,由弧长公式可得 $\overset{\frown}{FG}=\dfrac{\pi}{2}\times\sqrt{2}=\dfrac{\sqrt{2}}{2}\pi$。

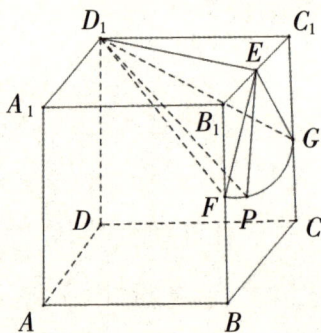

图 6-13

评析:分析新高考全国Ⅰ卷的这道"小压轴"题,我们会发现这道题目首先考察了学生的空间想象能力和作图能力,以底面为菱形的直四棱柱和球这两个基本的几何体为背景,不仅考察了球体和直棱柱的几

何性质,也考察了线面垂直、勾股定理等知识。如果学生有较强的建模能力,则很容易发现面 D_1DA_1A,面 D_1DB_1B,面 D_1DC_1C 这三个面的对称性,从而快速找到半径,从而解决问题。

例 2 (2020 江苏,15) 如图 6-14 所示,在三棱柱 $ABC\text{-}A_1B_1C_1$ 中,$AB\perp AC$,$B_1C\perp$ 平面 ABC,E,F 分别是 AC,B_1C 的中点。

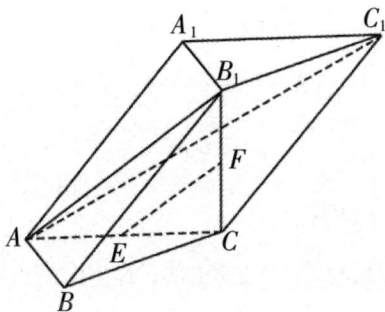

图 6-14

(1)求证:$EF//$ 平面 $A_1B_1C_1$;

(2)求证:平面 $AB_1C\perp$ 平面 ABB_1。

评析:本题以斜三棱柱为背景命题,考查线面平行的证明和面面垂直的证明。与直三棱柱相比,学生对斜三棱柱更陌生,但是仔细分析就会发现,解决这道题完全可以只看几何体的一部分,即三棱锥 $B_1\text{-}ABC$,从而将不熟悉的几何体转化为常见的几何体模型,势如破竹。

2. 旧题新出,拒绝套路

在新高考的形势下,凭借题海战术和生搬硬套堆砌出好分数的做法越来越难以见效。新高考评价体系以立德树人、服务选才、引导教学为核心,考察学生的必备知识、关键能力、学科素养和核心价值,让大量"刷题"这种低效的教学模式日渐显现出其落后性。2020 年各地高考命题紧抓主干知识的同时,又在传统考查方式的基础上进一步提升,考查学生的理解、分析、解决问题的能力。

(2020 新高考Ⅰ,20)如图 6-15 所示,四棱锥 $P\text{-}ABCD$ 的底面为正方形,$PD\perp$ 底面 $ABCD$。设平面 PAD 与平面 PBC 的交线为 l。

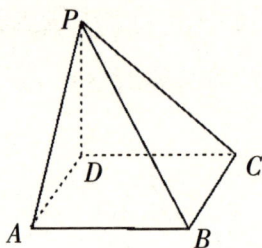

图 6-15

(1)证明:$l\perp$ 平面 PDC;

(2)已知 $PD=AD=1$,Q 为 l 上的点,求 PB 与平面 QCD 所成角的正弦值的最大值。

评析:新高考卷Ⅰ首次亮相便一鸣惊人,其中这道立体几何题中的"隐交线"就掀起了不小的波澜。学生首先看到答题上的图形很简单,便心中窃喜,一读题却傻了眼。其实仔细分析就可以看出题目难度不大,同时考察了线面平行的判定定理和性质定理,以及线面垂直的判定定理。图形是常见图形,考察的也是基础的知识点,为什么仅仅是涉及"隐交线",就让学生摸不着头脑了呢?究其根源,还是在于学生在复习中反复训练同类型题目,形成了定势思维,省略了思考过程,再遇到需要自行分析的题目时便难以适应。除此之外,关于立体几何中的几个判定定理和性质定理,是否有很多老师只是要求学生记住几个常见模型,便进入习题讲解,从而忽略了课本上给出的证明过程,导致学生对定理理解不够深刻,对数学的符号语言和抽象思维十分陌生。如果我们教给学生的就是夹生饭,在此基础上不管进行多少训练都是空中楼阁。

题源 1 (2019 人教 A 版必修第二册 143 页第 7 题)如图 6-16 所

示,$\alpha \cap \beta = CD$,$\alpha \cap \gamma = EF$,$\beta \cap \gamma = AB$,$AB // \alpha$,求证 $CD // EF$。

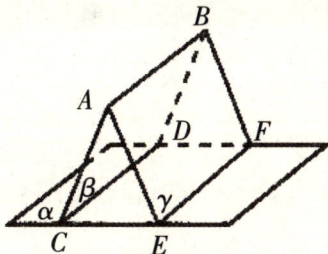

图 6-16

评析:本题突出基础性,重视学生的必备知识和关键能力,化繁就简,考察线面平行的性质定理体现了立体几何的应用性和基础性。一方面,学生可以直接进行证明,但这需要较强的逻辑推理能力;另一方面,学生也可以依据题中所给图形,自行抽象出三棱柱模型,从而找到解决问题的方向。本题题干十分简洁,不适合用解题套路生搬硬套,而是需要学生对定理和性质有较为深刻的理解。

题源 2　如图 6-17 所示,已知四边形 $ABCD$ 是正方形,四边形 $ACEF$ 是矩形,$AB=2$,$AF=1$,M 是线段 EF 的中点。

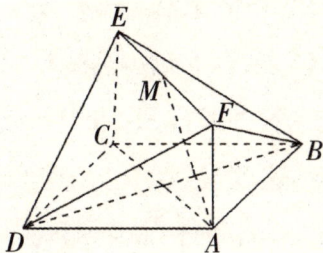

图 6-17

(1)求证:$AM //$ 平面 BDE;

(2)若平面 $ADM \cap$ 平面 $BDE=l$,平面 $ABM \cap$ 平面 $BDE=m$,试分析 l 与 m 的位置关系,并证明你的结论。

评析:本题也是考察"隐交线",问题中的两条交线在图中都未给出,需要先借助线面平行的性质证明线线平行,从而进行转化。本题为学生设置了难度梯度,先证线面平行,再利用线面平行的性质定理即可得证,需要较强的空间想象能力。如果学生陷入解题套路,一味寻找模型来解决,反而会增大解题难度。

(2020浙江,19) 如图 6-18 所示,三棱台 $DEF\text{-}ABC$ 中,面 $ADFC \perp$ 面 ABC,$\angle ACB = \angle ACD = 45°$,$DC = 2BC$。

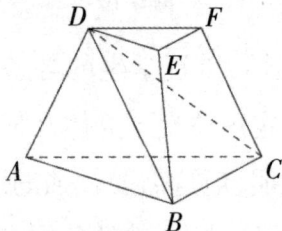

图 6-18

(1)证明:$EF \perp DB$;

(2)求 DF 与面 DBC 所成角的正弦值。

评析:本题主要考查空间点、线、面位置关系,线面垂直的判定定理的应用,直线与平面所成的角的求法,意在考查学生的直观想象能力和数学运算能力。首先,台体多作为几何体表面积、体积的考察载体出现,学生在复习中可能接触过各种各样复杂的棱锥和棱柱,以及其他一些多面体,但接触棱台较少,这就导致学生在这一道题上难以套用固有模型,只能灵活分析题目给出的条件,从而避免学生机械刷题不求甚解。本题乍一看仿佛条件太少无从下手,实际上分析起来会发现,除了面面垂直这一条件是位置关系以外,本题中给出的其他条件都是数量关系,因此为证明线线垂直,应从面面垂直入手。

3.立足课标,不偏不怪

《普通高中数学课程标准(2017 年版 2020 年修订)》指出可借助长

方体认识和理解空间点、直线、平面的位置关系;学会用数学语言描述有关平行与垂直的性质和判定,并能证明一些结论;了解简单几何体表面积和体积的计算方法,运用直观感知、操作确认、推理论证、度量计算等认识空间图形的性质,建立空间观念. 所以试题的命制往往基于空间图形的基本几何性质,以检测学生的空间想象能力和空间观念为主,注重基础。

(2020 上海,15) 如图 6-19 所示，在棱长为 10 的正方体 $ABCD$-$A_1B_1C_1D_1$ 中,P 为左侧面 ADD_1A_1 上一点，已知点 P 到 A_1D_1 的距离为 3，点 P 到 AA_1 的距离为 2，则过点 P 且与 A_1C 平行的直线交正方体于 P,Q 两点,则 Q 点所在的平面是(　　)

A. AA_1B_1B　　　B. BB_1C_1C　　　C. CC_1D_1D　　　D. $ABCD$

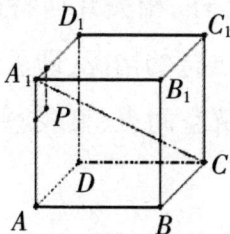

图 6-19

评析:正方体是学生最早接触的空间几何体,学生对其空间体验更丰富。正方体模型常用于辅助认识空间点、线、面位置关系,能有效减轻认知负荷,是培养学生空间观念和几何直观素养的好素材。本题可利用点 P 和棱 AD 在正方体内部构建新的棱长为 7 的正方体，进而利用 $PQ//A_1C$ 在底面 $ABCD$ 中找到 Q 点位置。

本题以正方体表面上点的位置为切入点进行考察,设置巧妙,既另辟蹊径,又能考察学生利用图形描述、分析数学问题,建立形与数的联系,构建数学问题的直观模型,探索解决问题的思路的能力。

题源：如图 6-20 所示，正方体 $ABCD$-$A_1B_1C_1D_1$ 中，点 P 在侧面 BCC_1B_1 及其边界上运动，并且总是保持 $AP\perp BD_1$，则动点 P 的轨迹是（　　）

　　A. 线段 B_1C　　　　　　　B. BB_1 中点与 CC_1 中点连成的线段

　　C. 线段 BC_1　　　　　　　D. BC 中点与 B_1C_1 中点连成的线段

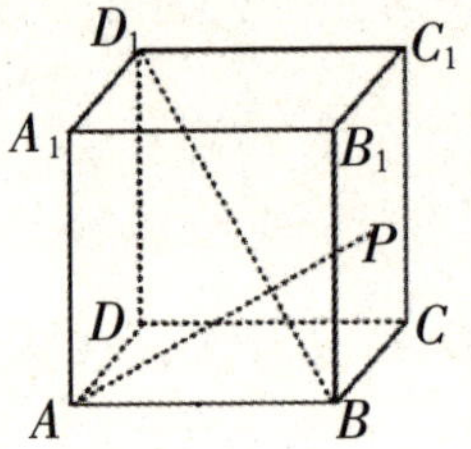

图 6-20

评析：本题依托正方体模型，考察动点轨迹，实际上考察的是线面垂直的相关性质，结合正方体的相关几何特征，讨论点 P 与点 B_1 重合的情况，再讨论点 P 与点 C 重合的情况，即可解决问题。本题紧扣课标要求，借助正方体认识和理解空间点、直线、平面的位置关系，考察学生的空间观念。

(三) 2021 年备考建议

1. 紧扣课标，注重基础知识

课程标准是教学的参考依据，由众多教育教学专家反复推敲、精心制定，具有高度的理论意义和实践价值。因此以课标要求为向导，认真研究教材和高考试题，能帮助我们把握高考方向。紧扣高考"一核四层四翼"的评价要求，遵循学生认知发展规律，尊重知识的发生与发展过程，引导学生在经历知识的发生与发展过程中理解问题的本质并准确构建知识网络，提升综合运用所学知识解决实际问题的能力。

《普通高中数学课程标准(2017 年版 2020 年修订)》指出，直观想象素养主要包括借助空间形式认识事物的位置关系、形态变化与运动规律;利用图形描述、分析数学问题;建立形与数的联系,构建数学问题的直观模型,探索解决问题的思路。

高考立体几何试题主要考点包括直线、平面平行或垂直的证明;空间几何体表面积、体积、空间角、距离的度量计算;空间向量在立体几何中的应用等, 在日常的教学工作中, 我们依然应当以这部分内容为主线,加深学生对空间几何体的认识。

2. 培养能力,渗透素养

在掌握基础知识和主干知识的前提下,我们应当为学生创造条件,适时开展探究性活动,拓宽学生视野,丰富知识面,帮助学生探究问题本质,从而掌握基本思想方法,提升关键能力,培养核心素养。这一工作的展开应当是循序渐进的,要将核心素养的培育与学习过程相结合。在日常教学中,教师可以将特殊模型作为载体,通过改变条件、割补图形等多种方式,进行多角度的变式探究,帮助学生体会并挖掘问题的本质和知识发展的一般规律,强化几何体的切割与补体思想,在切与补的过程中感悟几何体间的逻辑联系。

3. 强化数学语言表达能力

数学语言的表达能力是数学素养的发展水平的一项重要指标,在教学中,教师应重视推理过程的规范训练,适当板演与示范,培养学生逻辑推理严密性和完整性,帮助学生有逻辑地思考和表达,发展逻辑推理的数学学科核心素养。

(四) 同构化研究,揭开命题神秘面纱

看到第 21 这道导数题时, 头脑中涌现出了许多想法。命题组还是很善良的, 给予了不同层次的学生宽泛的入口来解决问题, 也体现了题目的精妙之处和它的可研究性。

命题背景：

(1)该题的源头还要追溯到课本上的两个常见恒等式：

当 $a>0$ 且 $a\neq1,x>0$ 时，$a^{\log_a x}=x$；

当 $a>0$ 且 $a\neq1$ 时，$\log_a a^x=x$。

这两个恒等式说明，变量 x 可以进行指数化或对数化变形。

(2)下面利用以上两个恒等式研究高考常见的六个"指对型"函数的关系，解析式如下：$y=xe^x$，$y=x\ln x$，$y=\dfrac{x}{e^x}$，$y=\dfrac{e^x}{x}$，$y=\dfrac{x}{\ln x}$，$y=\dfrac{\ln x}{x}$。

令 $f(x)=xe^x$，则

①$x\ln x=e^{\ln x}\ln x=f(\ln x)$；②$\dfrac{x}{e^x}=xe^{-x}=-(-xe^{-x})=-f(-x)$，$\dfrac{e^x}{x}=-\dfrac{1}{f(-x)}$；

③$\dfrac{\ln x}{x}=-x^{-1}\ln x^{-1}=-f(-\ln x)$，$\dfrac{x}{\ln x}=-\dfrac{1}{f(-\ln x)}$。

通过以上变形我们可以看出，这六个函数实际上是由母函数 $f(x)=xe^x$ 演化而来。接下来我们从图 6-21 观察它们的关系。

①$f(x)=xe^x$ 在区间 $(-\infty,-1)$ 上递减，$(-1,+\infty)$ 上递增，$f(x)_{\min}=f(-1)=-\dfrac{1}{e}$。

②$y=\dfrac{x}{e^x}=-f(-x)$，即将 $f(x)$ 关于原点对称后得到。故该函数在区间 $(-\infty,1)$ 上递增，在 $(1,+\infty)$ 上递减，$y_{\max}=\dfrac{1}{e}$。

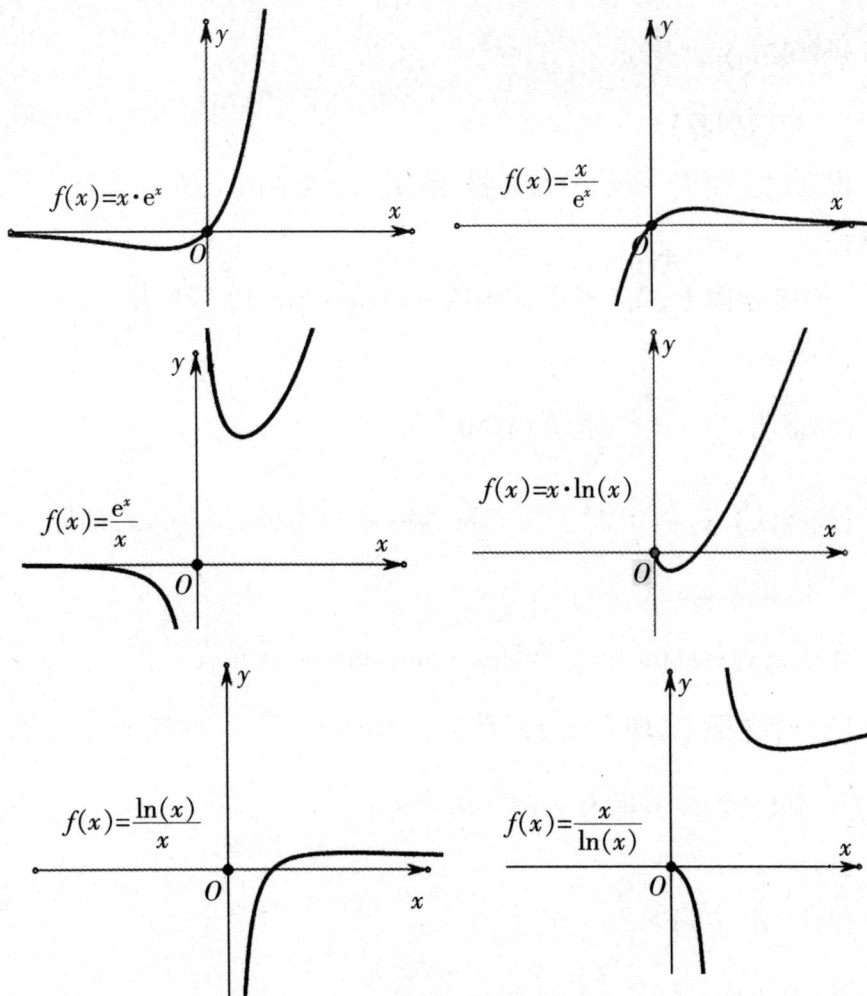

$f(x)=x \cdot e^x$

$f(x)=\dfrac{x}{e^x}$

$f(x)=\dfrac{e^x}{x}$

$f(x)=x \cdot \ln(x)$

$f(x)=\dfrac{\ln(x)}{x}$

$f(x)=\dfrac{x}{\ln(x)}$

图 6-21

③ $y=x\ln x=f(\ln x)$，当 $\ln x \in (-\infty,-1)$，即 $x \in \left(0,\dfrac{1}{e}\right)$ 时递减；当 $\ln x \in$

$(-1,+\infty)$，即 $x \in \left(\dfrac{1}{e},+\infty\right)$ 时递增，$y_{\min}=-\dfrac{1}{e}$。

④ $y=\dfrac{\ln x}{x}=-f(-\ln x)$，实现了"凹凸反转"，最小值反转后变成了最大

值，当 $-\ln x \in (-\infty,-1)$，即 $x \in (e,+\infty)$ 时递减；当 $-\ln x \in (-1,+\infty)$，即 $x \in$

$(0,e)$时递增，$y_{\max}=\dfrac{1}{e}$。

【高考题溯源】

根据以上研究，我们旧题新做，欣赏一下老高考题在新方法下产生的魅力。

(2018 全国Ⅰ，文 21)已知函数 $f(x)=ae^x-\ln x-1$，

(1)略；

(2)证明：当 $a\geqslant\dfrac{1}{e}$ 时，$f(x)\geqslant 0$。

【同构法】当 $a\geqslant\dfrac{1}{e}$ 时，$f(x)\geqslant e^{x-1}-\ln ex$，只需证 $e^{x-1}\geqslant\ln ex$，即证 $xe^x\geqslant ex\ln ex$，令 $g(x)=xe^x$，

即证 $g(x)\geqslant g[\ln(ex)]$，即证 $x>\ln ex=\ln x+1$，显然成立！

(2014 全国Ⅰ，理 21)设函数 $f(x)=ae^x\ln x+\dfrac{be^{x-1}}{x}$，曲线 $y=f(x)$ 在点 $[1,f(1)]$ 处的切线方程为 $y=e(x-1)+2$。

(1)求 a,b；

(2)证明：$f(x)>1$。

解：易知 $a=1,b=2,f(x)=e^x\ln x+\dfrac{2e^{x-1}}{x}$，

【方法一】指对分两边，构造常见函数，转化为最小值或最大值。

要证 $f(x)>1$，即证 $x\ln x+\dfrac{2}{e}>\dfrac{x}{e^x}$，而且 $\left(x\ln x+\dfrac{2}{e}\right)_{\min}=\left(\dfrac{x}{e^x}\right)_{\max}$ 等号不能同时取到。

【方法二】母函数 $g(x)=xe^x$，要证 $x\ln x+\dfrac{2}{e}>\dfrac{x}{e^x}$，即 $x\ln x-\dfrac{x}{e^x}>-\dfrac{2}{e}$，

即证 $g(\ln x)+g(-x)>-\dfrac{2}{e}$，

而 $g(x)\geqslant-\dfrac{1}{e}$ 当且仅当 $x=-1$ 等号成立，故两个等号不能同时满足。原题得证。

(2015 全国Ⅰ,文 21)设函数 $f(x)=e^{2x}-a\ln x$。

(1)略；

(2)证明：当 $a>0$ 时，$f(x)\geqslant 2a+a\ln\dfrac{2}{a}$，

【方法一】常规方法,虚拟设根,转化为 $f(x)_{\min}\geqslant 2a+a\ln\dfrac{2}{a}$。

【方法二】要证 $e^{2x}-a\ln x\geqslant 2a+a\ln\dfrac{2}{a}$，即证 $\dfrac{e^{2x}}{a}\geqslant 2+\ln\dfrac{2x}{a}$

令 $\dfrac{e^{2x}}{a}=t,2x-\ln a=\ln t$ 则上式变形为 $t\geqslant 2+\ln 2x+\ln t-2x$，即证 $(t-\ln t)+(2x-\ln 2x)\geqslant 2$。

构造 $g(x)=x\ln x$，即证 $g(t)+g(2x)\geqslant 2$。易知 $g(x)_{\min}=g(1)=1$,故原题得证。

【方法三】要证 $\dfrac{e^{2x}}{a}\geqslant 2+\ln 2x+\ln\dfrac{1}{a}$，即证 $e^{2x-\ln a}-2-\ln 2x+\ln a\geqslant 0$，即证 $e^{2x-\ln a}-(2-\ln a)-1\geqslant\ln 2x-2x+1$。

构造 $g(x)=e^x-x-1$,则 $g(x)\geqslant 0$ 恒成立。

$g(\ln 2x)=2x-\ln 2x-1$,即证 $g(2x-\ln a)+g(\ln x)\geqslant 0$,显然成立。

(2013 全国Ⅱ,理 21)已知函数 $f(x)=e^x-\ln(x+m)$。

(1)略；

(2)当 $m\leqslant 2$ 时,证明 $f(x)>0$。

【同构法】当 $m\leqslant 2$ 时,$f(x)\leqslant e^x-\ln(x+2)$,构造 $g(x)=e^x-x-1$,则 $g(x)$

≥0 恒成立。

$e^x - \ln(x+2) = (e^x - x - 1) + [x+1-\ln(x+2)] = g(x) + g[\ln(x+2)] > 0$,等号不能同时取到。

1.一题多解及命题原理

(2020 新高考Ⅰ,21)已知函数 $f(x) = ae^{x-1} - \ln x + \ln a$。

(1)略;

(2)若 $f(x) \geq 1$,求 a 的取值范围。

【方法一】常规方法,虚拟设根:$x > 0$,$f'(x) = ae^{x-1} - \dfrac{1}{x}$,且 $a > 0$。

设 $g(x) = f'(x)$,则 $g'(x) = ae^{x-1} + \dfrac{1}{x^2} > 0$,

所以 $g(x)$ 在 $(0,+\infty)$ 上单调递增,即 $f'(x)$ 在 $(0,+\infty)$ 上单调递增,

①当 $a=1$ 时,$f'(1)=0$,所以 $f(x) \geq f(x)_{\min} = f(1) = 1$ 成立。

②当 $a > 1$ 时,$\dfrac{1}{a} < 1$,所以 $e^{\frac{1}{a}-1} < 1$,$f'\left(\dfrac{1}{a}\right) f'(1) = a\left(e^{\frac{1}{a}-1} - 1\right)$

$(a-1) < 0$,

所以存在唯一 $x_0 > 1$,使得 $f'(x_0) = ae^{x_0-1} - \dfrac{1}{x_0} = 0$,且当 $x \in (0, x_0)$ 时

$f'(x) < 0$,当 $x \in (x_0, +\infty)$ 时 $f'(x) > 0$,所以 $ae^{x_0-1} = \dfrac{1}{x_0}$,所以

$\ln a + x_0 - 1 = -\ln x_0$,

因此 $f(x)_{\min} = f(x_0) = ae^{x_0-1} - \ln x_0 + \ln a = \dfrac{1}{x_0} + (\ln a + x_0 - 1) + \ln a \geq$

$2\ln a - 1 + 2\sqrt{\dfrac{1}{x_0} \cdot x_0} = 2\ln a + 1 > 1$,

所以 $f(x) > 1$,所以 $f(x) \geq 1$ 恒成立;

③当 $0 < a < 1$ 时,$f(1) = a + \ln a < a < 1$,所以 $f(1) < 1$,即 $f(x) \geq 1$

不是恒成立。

综上所述,实数 a 的取值范围是 $[1,+\infty)$。

【方法二】必要性探路:因为 $f(x)\geq1$ 恒成立,所以 $f(1)=a+\ln a\geq1$,

解得 $a\geq1$,

下证当 $a\geq1$ 时,$f(x)\geq1$ 恒成立。

当 $a\geq1$,$f(x)=ae^{x-1}-\ln x+\ln a\geq e^{x-1}-\ln x$。

路径1:构造函数 $m(x)=e^{x-1}-\ln x$,易证 $m(x)\geq m(1)=1$。

路径2:$e^{x-1}\geq x$,当且仅当 $x=1$ 时等号成立,所以 $x-1\geq\ln x$,即 $x\geq\ln x+1$,当且仅当 $x=1$ 时等号成立,

$e^{x-1}\geq\ln x+1$,即 $e^{x-1}-\ln x\geq1$。

注:此法高度拟合 2018 全国 I,文 21。

【方法三】换元法,同构:令 $ae^{x-1}=t$,则 $\ln a+x-1=\ln t$,

所以 $f(x)=t-\ln x+\ln t-x+1\geq1$,所以 $t+\ln t\geq x+\ln x$。

构造函数 $u(x)=x+\ln x$,易知 $u(x)$ 在 $(0,+\infty)$ 上单调递增,故 $t\geq x$,即 $ae^{x-1}\geq x$,

所以 $a\geq\dfrac{x}{e^{x-1}}$,易得 $a\geq1$。

【方法四】反函数法:$T(x)=ae^{x-1}$,其反函数为 $y=\ln x+1-\ln a$,

$f(x)\geq1$ 恒成立 $\Leftrightarrow ae^{x-1}\geq\ln x+1-\ln a$,即 $T(x)\geq T^{-1}(x)$,

因为 $T(x)=ae^{x-1}>0$ 且单调递增,所以 $T(x)=ae^{x-1}\geq x$。

【方法五】同构法,利用母函数 $y=xe^x$:

$ae^{x-1}\geq\ln x+1-\ln a=\ln\dfrac{ex}{a}$,$\dfrac{ex}{a}ae^{x-1}\geq\dfrac{ex}{a}\ln\dfrac{ex}{a}$,即 $xe^x\geq\dfrac{ex}{a}\ln\dfrac{ex}{a}$。

令 $h(x)=xe^x$，由之前的命题背景分析可知 $x\ln x=h(\ln x)$，故

$$h(x) \geqslant h\left(\ln \frac{ex}{a}\right),$$

因为 $x>0$，由 $h(x)$ 单调性可得 $x>\ln\dfrac{ex}{a}$，即 $e^x \geqslant \dfrac{ex}{a}$，$a \geqslant \dfrac{x}{e^{x-1}}$。

【方法六】同构法，利用母函数 $y=e^x+x$：

$f(x)=ae^{x-1}-\ln x+\ln a=e^{\ln a+x-1}-\ln x+\ln a \geqslant 1$ 等价于

$e^{\ln a+x-1}+\ln a+x-1 \geqslant \ln x+x=e^{\ln x}+\ln x$，

构造 $\varphi(x)=e^x+x$，上述不等式等价于 $\varphi(\ln a+x-1) \geqslant \varphi(\ln x)$，

显然 $\varphi(x)$ 为单调增函数，所以原式又等价于 $\ln a+x-1 \geqslant \ln x$，即

$\ln a \geqslant \ln x-x+1$。

令 $\tau(x)=\ln x-x+1(x>0)$，则 $\tau'(x)=\dfrac{1}{x}-1=\dfrac{1-x}{x}$，

在 $(0,1)$ 上 $\tau'(x)>0$，$\tau(x)$ 单调递增；在 $(1,+\infty)$ 上 $\tau'(x)<0$，$\tau(x)$ 单调递减，

所以 $\tau(x)_{max}=\tau(1)=0$，

$\ln a \geqslant 0$，即 $a \geqslant 1$，所以 a 的取值范围是 $[1,+\infty)$。

分析：方法五、方法六体现了本类题的命题原理，同构法本质为复合函数的应用，给定"外层函数"及其单调性，我们就可以对"内层函数"进行合理设计，使之呈现"证明不等式""恒成立问题求参数范围"以及"零点问题"等多种题型。

拓展 1：通过方法六，本题还可以解决方程 $f(x)=1$ 的解的个数问题。

由方法六的分析可得，方程 $f(x)=1$ 的解的个数等价于方程 $\ln a=\ln x-x+1$ 的解的个数，即 $a>1$ 时无解，$a=1$ 时 1 个解，$0<a<1$ 时 2 个

解。

拓展 2：利用逆向思维，我们尝试对本题进行改编。

我们通过 $\dfrac{e^x}{x-1} > a$ 求 a 的范围，即 $x-\ln(x-1) > \ln a$，$x-\ln a > \ln(x-1)$

选定外函数 $F(x)=e^x+x$，则 $F(x-\ln a) > F[\ln(x-1)]$，

即 $\dfrac{e^x}{a}+x-\ln a > x-1+\ln(x-1)$，即 $\dfrac{e^x}{a} > \ln(ax-a)-1$，$e^x > a\ln(ax-a)-a$，命题完成。

题干：已知函数 $f(x)=e^x-a\ln(ax-a)+a(a>0)$，若 $f(x)>0$ 恒成立，求 a 的取值范围。

2. 命题创新

(1)结合常见的切线放缩不等式 $e^x \geqslant x+1$ 与 $\ln x \leqslant x-1$，我们继续深入探讨它们在"指对同构"下的变形应用。

①$xe^x=e^{x+\ln x} \geqslant x+\ln x+1$，等号成立的条件为 $x+\ln x=0$。

②由 $e^x \geqslant ex$ 可得 $xe^x=e^{x+\ln x} \geqslant e\ (x+\ln x)$，等号成立的条件为 $x+\ln x=1$ 即 $x=1$。

由此可派生出一系列最值问题：

$(Ⅰ)xe^x-x-\ln x \geqslant 1$；$(Ⅱ)e^x-\dfrac{\ln x+1}{x} \geqslant 1$；$(Ⅲ)x \geqslant (x+\ln x+1)e^{-x}$；

$(Ⅳ)\dfrac{xe^x-\ln x}{x+1} \geqslant 1$ 等。

由 $(Ⅱ)$，可命制题目：函数 $f(x)=xe^x-\ln x-1-ax \geqslant 0$ 恒成立，求 a 的取值范围。

由 $(Ⅳ)$，可命制题目：函数 $f(x)=xe^x-a(x+1) \geqslant \ln x$ 恒成立，求 a 的取值范围。

(2)下面尝试来命制一道与零点有关的题目。

基础版题目：讨论方程 $x-a\ln x=0$ 的根的个数。

解：当 $a=0$ 时，无根。

当 $a\neq0$ 时，即 $\dfrac{1}{a}=\dfrac{\ln x}{x}$，

由图像易得，当 $\dfrac{1}{a}>\dfrac{1}{e}$，即 $0<a<e$ 时，无根；当 $0<\dfrac{1}{a}<\dfrac{1}{e}$ 时，即 $a>e$ 时，有且只有 2 个根；当 $\dfrac{1}{a}=\dfrac{1}{e}$ 或 $\dfrac{1}{a}<0$ 时，即 $a=e$ 或 $a<0$ 时，有且只有 1 个根。

用 xe^x 替换上式中的 x，得到 $xe^x-a(\ln x+x)=0$，由于 xe^x 是单调的，故对两个方程根个数的判断相同。

题干：已知函数 $f(x)=xe^x-a(\ln x+x)$，讨论函数 $f(x)$ 的零点个数。

小结：虽然同构法解题具有过程简洁、运算量小的特点，但它对思维有较高的要求。在学习此方法的基础上，我们仍然要夯实基本的处理函数导数问题的方法，以不变应万变。

（五）围绕核心素养展现解析几何魅力

1.2020 年各地高考题目对比分析

2020 年新高考Ⅰ卷解析几何共考察三个题目，分别是第 9、13、22 题。第 9 题考察圆锥曲线的通式 $mx^2+ny^2=1$，学生要熟练掌握曲线方程的特征，属于基础和概念性题目。第 13 题考察抛物线过焦点的弦长，利用抛物线定义进行转化，也是对概念和性质的考察，属于基础题目。第 22 题是直线和椭圆的综合题，通过定值定点求解，思维层次稍显复杂，计算量较大，对学生能力要求较高，属于拔高题目。

下面我们对压轴题进行多法求解。

（2020 新高考Ⅰ,22）已知椭圆 $C:\dfrac{x^2}{a^2}+\dfrac{y^2}{b^2}=1(a>b>0)$ 的离心率为

$\dfrac{\sqrt{2}}{2}$，且过点 $A(2,1)$。

(1)求 C 的方程；

(2)点 M,N 在 C 上，且 $AM \perp AN$，$AD \perp MN$，D 为垂足。证明：存在定点 Q，使得 $|DQ|$ 为定值。

【方法一】常规联立法解得椭圆方程：$\dfrac{x^2}{6}+\dfrac{y^2}{3}=1$

①若直线 MN 斜率不存在，设 MN 为 $x=x_0$，则 $M(x_0,y_0)$，$N(x_0,-y_0)$。

由 $\overrightarrow{AM} \perp \overrightarrow{AN}$，得 $(x_0-2,y_0-1)\cdot(x_0-2,-y_0-1)=0 \Rightarrow y_0^2=x_0^2-4x_0+5$，

又因为 $x_0^2+2y_0^2-6=0$，消 y_0 可得 $x_0=2$(舍)，$x_0=\dfrac{2}{3}$ 即 MN 方程为 $x=\dfrac{2}{3}$。

②若直线 MN 斜率存在，设 MN 为 $y=km+m$，则 $M(x_1,y_1)$，$N(x_2,y_2)$。

由 $\begin{cases} y=kx+m \\ x^2+2y^2-6=0 \end{cases}$ 消 y 得 $(2k^2+1)x^2+4kmx+2m^2-6=0$，

$\Delta>0 \Rightarrow 6k^2-m^2-4>0$

$x_1+x_2=-\dfrac{4km}{2k^2+1}$，$x_1x_2=\dfrac{2m^2-6}{2k^2+1}$，所以 $y_1+y_2=\dfrac{2m}{2k^2+1}$，$y_1y_2=\dfrac{m^2-6k^2}{2k^2+1}$，

由 $\overrightarrow{AM} \cdot \overrightarrow{AN}=0 \Rightarrow (x_1-2)(x_2-2)+(y_1-1)(y_2-1)=0$

代入得 $3m^2+4k^2+8mk-2m-1=0$，即 $(3m+2k+1)(m+2k-1)=0$，所以

$m=-\dfrac{2}{3}k-\dfrac{1}{3}$ 或 $m=1-2k$，

当 $m=1-2k$ 时，直线 MN 为 $y=kx+1-2k$ 过 $A(2,1)$，舍去；

当 $m=-\dfrac{2}{3}k-\dfrac{1}{3}$ 时，直线 MN 为 $y=kx-\dfrac{2}{3}k-\dfrac{1}{3}$ 过点 $P\left(\dfrac{2}{3},\dfrac{1}{3}\right)$。

因为 $\triangle APD$ 为直角三角形，$|AP|=\dfrac{4\sqrt{2}}{3}$，取斜边 AP 的中点为 Q，

则 $|DQ|=\dfrac{1}{2}|AP|=\dfrac{2\sqrt{2}}{3}$ 为定值,所以存在点 $Q\left(\dfrac{4}{3},\dfrac{1}{3}\right)$,使

$|DQ|=\dfrac{2\sqrt{2}}{3}$ 为定值。

【方法二】平移坐标系 + 齐次化法

将 A 平移到原点。则设 $x'=x-2,y'=y-1$,故 $x=x'+2,y=y'+1$,

平移坐标系的椭圆方程为 $\dfrac{(x'+2)^2}{6}+\dfrac{(y'+1)^2}{3}=1$,化简可得

$x'^2+2y'^2+4(x'+y')=0$。

设直线 $M'N'$的方程为 $mx'+ny'=1$,故有

$x'^2+2y'^2+4(x'+y')(mx'+ny')=0$,整理可得

$(1+4m)x'^2+(2+4n)y'^2+4(m+n)x'y'=0$,

故 $(2+4n)\left(\dfrac{y'}{x'}\right)^2+4(m+n)\dfrac{y'}{x'}+4m+1=0$。

因为 $A'M'\perp A'N'$,所以 $k_{A'M'}\cdot k_{A'N'}=\dfrac{1+4m}{2+4n}=-1\Rightarrow m=-\dfrac{3}{4}-n$,

所以 $\left(-\dfrac{3}{4}-n\right)x'+ny'=1$,即 $(y'-x')n-\left(\dfrac{3}{4}x'+1\right)=0$,

所以直线 $M'N'$过定点 $\left(-\dfrac{4}{3},-\dfrac{4}{3}\right)$,所以直线 MN 过定点 $P\left(\dfrac{2}{3},-\dfrac{1}{3}\right)$,

故取 AP 的中点为 $Q\left(\dfrac{4}{3},\dfrac{1}{3}\right)$。

【方法三】点乘双根法

①若 k 不存在,则直线 MN 为 $x=\dfrac{2}{3}$;

②若 k 存在,设直线 $MN:y=kx+m,M(x_1,y_1),N(x_2,y_2)$

与椭圆方程联立消 y:$x^2+2(kx+m)^2-6=(1+2k^2)(x-x_1)(x-x_2)$,

令 $x=2$，则 $(x_1-2)(x_2-2)=\dfrac{2(2k+m-1)(2k+m+1)}{1+2k^2}$；

与椭圆方程联立消 x：$\left(\dfrac{y-m}{k}\right)^2+2y^2-6=\left(2+\dfrac{1}{k^2}\right)(y_1-y)(y_2-y)$，

令 $y=1$，则 $(y_1-1)(y_2-1)=\dfrac{(2k-m+1)(2k+m-1)}{1+2k^2}$。

因为 $AM\perp AN$，所以

$$\overrightarrow{AM}\cdot\overrightarrow{AN}=(x_1-2)(x_2-2)+(y_1-1)(y_2-1)=\dfrac{(2k+m-1)(2k+3m+1)}{1+2k^2}=0$$

故 $m=1-2k$ 或 $m=-\dfrac{2}{3}k-\dfrac{1}{3}$，同方法一。

上述提供三种解题方法，方法一是标准答案解法，属于常规思路，但计算量比较大，因式分解也有难度；方法二将平移坐标系和齐次化法融合起来，使得直接得到关于两条直线斜率的方程，别出心裁，计算量骤减，值得学生学习；方法三利用两点式方程，实现了关系式的化简，计算量大大减少，思路巧妙。

2020 年新高考卷 I 的解析几何客观题考察比较基础，主要是圆锥曲线定义和性质的考察，对于大部分的学生较为"友好"。而解答题不同于往常的平铺直叙，要求学生透过现象看到问题研究的本质。总体来说，新高考卷 I 解析几何的考察特点表现在既有基础性，又有综合性；既有复古，又不乏创新；对思维和运算能力要求较高等。根据新高考卷 I 体现的特点，下面结合全国各地的高考题目，对解析几何试题进行综合分析。

2.2020 年解析几何题目对比分析

(1)注重学科必备知识的考察，基础性、普适性强。

通过对全国 13 套高考题目的对比分析，可以发现 2020 年的解析几何客观题基本全部考察圆锥曲线的概念及性质(渐近线、离心率、焦点三角形等)，对学科必备知识考察得淋漓尽致。部分题目改编自教材。例如新高考全国卷Ⅰ第9题，可以从2003人教A版选修2-1教材第80页第4题、第81页第6题找到踪影；而第13题几乎与课本第69页例4一模一样。全国Ⅱ卷更是将基础知识的考察落实于解答题，大胆打破套路，重点考察学生对于基本知识和基本技能的掌握，例如无须联立圆锥曲线于直线方程，仅凭定义即可求解。凡此种种，皆在指引一线教育工作者夯实基础内容的教学，防止舍本逐末。

(2020 全国Ⅱ,19)已知椭圆 $C_1: \dfrac{x^2}{a^2}+\dfrac{y^2}{b^2}=1(a>b>0)$ 的右焦点 F 与抛物线 C_2 的焦点重合，C_1 的中心与 C_2 的顶点重合。过 F 且与 x 轴垂直的直线交 C_1 于 A,B 两点，交 C_2 于 C,D 两点，且 $|CD|=\dfrac{4}{3}|AB|$。

(1)求 C_1 的离心率；

(2)设 M 是 C_1 与 C_2 的公共点，若 $|MF|=5$，求 C_1 与 C_2 的标准方程。(理)

(2)若 C_1 的四个顶点到 C_2 的准线距离之和为12，求 C_1 与 C_2 的标准方程。(文)

(2)复古与创新相辅相成。

2020年高考的解析几何部分反映了近几年高考的一个特点：复古性。几年甚至十几年前的高考题目再现，通过思维层次的加深，"再创造"某种题型或思想。

2020年新高考卷Ⅰ的压轴题考察椭圆中的过定点问题。通过弦张直角，可以得到直线 MN 过定点的结论。通过椭圆上的定点以及直线上的定点，可构造以定点所连线段为斜边的直角三角形，利用直角三角形斜边的中线是斜边的一半求得 Q。该题目与 2007 年山东卷异曲同工，可以说是"新瓶装旧酒"。不过值得注意的是，本题的思维深度显然要比 2007 年的题目的要高。学生如果想不到"弦张直角过定点"，没有从这个角度去研究，想要做出来就十分困难了。另外，此题的创新性恰恰体现在思维层次的加深，通过对解析几何背景的认识以及对几何关系的理解，考查学生的逻辑思维能力和创新能力，对学生的数学素养与能力有较高的要求。

(2007 山东,理 21、文 22) 已知椭圆 C 的中心在坐标原点,焦点在 x 轴上,椭圆 C 上的点到焦点距离的最大值为 3,最小值为 1。

(1)求椭圆 C 的标准方程;

(2)若直线 $l:y=kx+m$ 与椭圆 C 相交于 A,B 两点(A,B 不是左右顶点),且以 AB 为直径的圆过椭圆 C 的右顶点,求证:直线 l 过定点,并求出该定点的坐标。

2020 年的全国卷 I 解析几何也同样体现了复古性与创新性。

(2020 全国 I,理 20、文 21) 已知 A,B 分别为椭圆 $E:\dfrac{x^2}{a^2}+y^2=1$ ($a>1$)左、右顶点,G 为 E 的上顶点,$\overrightarrow{AG}\cdot\overrightarrow{GB}=8$,$P$ 为直线 $x=6$ 上的动点,PA 与 E 的另一交点为 C,PB 与 E 的另一交点为 D。

(1)求 E 的方程;

(2)证明:直线 CD 过定点。

(1)在平面直角坐标系 xOy 中,如图 6-22 所示,已知椭圆 $\dfrac{x^2}{9}+\dfrac{y^2}{5}=1$ 的左、右顶点为 A,B,右焦点为 F。设过点 $T(t,m)$ 的直线 TA,TB 与椭圆分别交于点 $M(x_1,y_1),N(x_2,y_2)$,其中 $m>0,y_1>0,y_2<0$。

(1)(2)略;

(3)设 $t=9$,求证:直线 MN 必过 x 轴上的一定点(其坐标与 m 无关)。

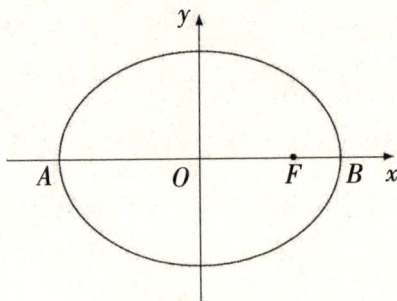

图 6-22

2020 年的全国卷Ⅰ理科第 20 题、文科第 21 题的第(2)问与 2010 年江苏第 18 题第(3)问如出一辙,只不过江苏卷提示过 x 轴上定点,难度较小,可以通过取特值先得到结论。而本次全国卷Ⅰ就是在此基础上进行了改编创新。设问开门见山且与日常训练相似,这就为不同层次的学生提供了个性化、多元化的突破口。最朴素的思路就是常规联立法,但计算量较大且易出错。创新解法如平移坐标系、齐次化法等。浅议如下。

【方法一】常规联立法:通过设 $P(6, y_0)$,可得直线 AP 的方程为

$y = \dfrac{y_0}{9}(x+3)$,联立直线 AP 的方程与椭圆方程即可求得点 C 的坐标为

$\left(\dfrac{-3y_0^2+27}{y_0^2+9}, \dfrac{6y_0}{y_0^2+9} \right)$,同理可得点 D 的坐标为 $\left(\dfrac{3y_0^2-3}{y_0^2+1}, \dfrac{-2y_0}{y_0^2+1} \right)$,即可表

示出直线 CD 的方程,整理直线 CD 的方程可得 $y = \dfrac{4y_0}{3(3-y_0^2)}\left(x - \dfrac{3}{2} \right)$,命

题得证。

【方法二】平移坐标系+齐次化法:利用 P, A, C 和 P, B, D 三点共线,

可得 $k_{DB}=3k_{AC}$,从而得到 $k_{AD} k_{AC} = -\dfrac{1}{27}$(由椭圆中一类斜率之积为定值-

$\dfrac{b^2}{a^2}$ 可得);将 A 点平移到原点,得到新的椭圆方程 $\dfrac{x'^2}{9}-\dfrac{2}{3}x'+y'^2=0$。设直线 $C'D'$ 方程为 $mx'+ny'=1$,带入将椭圆方程齐次化,得到 $\dfrac{x'^2}{9}-\dfrac{2}{3}x'(mx'$ $+ny')+y'^2=0$,两边同时除以 x'^2,得到 $\left(\dfrac{y'}{x'}\right)^2-\dfrac{2}{3}n\left(\dfrac{y'}{x'}\right)+\dfrac{1}{9}-\dfrac{2m}{3}=0$,利用韦达定理可以得到 $k_{AD}k_{AC}=\dfrac{1}{9}-\dfrac{2}{3}m=-\dfrac{1}{27}$,进而解得 $m=\dfrac{2}{9}$,则直线 $C'D'$ 方程为 $\dfrac{2}{9}x'+ny'=1$,过定点 $\left(\dfrac{9}{2},0\right)$,故原直线过 $\left(\dfrac{3}{2},0\right)$。

(3)综合性题目考察学生的关键能力及学科素养。

解析几何以其多样的题型、视角和方法,历来是考察学生学科能力和素养的重要载体。学生的数学思维能力、运算能力、推理能力,以及所掌握的数学思想和方法,往往在一道高考解析几何大题中体现得淋漓尽致。以下面几题为例。

(2020 全国Ⅰ,理 11)已知 $\odot M:x^2+y^2-2x-2y-2=0$,直线 $l:2x+y+2=0$,P 为 l 上的动点,过点 P 作 $\odot M$ 的切线 PA,PB,切点为 A,B,当 $|PM|\cdot|AB|$ 最小时,直线 AB 的方程为(   )

A. $2x-y-1=0$ B. $2x+y-1=0$ C. $2x-y+1=0$ D. $2x+y+1=0$

【解析】本题考察直线与圆的位置关系、圆与圆的位置关系,考察学生的转化能力及运算能力。依圆的知识可知,A,P,B,M 四点共圆,且 $AB\perp MP$,所以 $|PM|\cdot|AB|=4S_{\triangle PAM}=4\times\dfrac{1}{2}\times|PA|\times|AM|=4|PA|$,而 $|PA|=\sqrt{|MP|^2-4}$,当直线 $MP\perp l$ 时,$|MP|_{\min}=\sqrt{5}$,$|PA|_{\min}=1$,此时 $|PM|\cdot|AB|$ 最小。在写出直线方程时,可以利用两圆之差求公共弦,这要求学生能够根据圆上两点写出圆的方程;或者可以通过解三角形求

出平行线间距离,进而求解直线 AB。

(2020 全国Ⅲ,理 20、文 21)已知椭圆 $C: \dfrac{x^2}{25}+\dfrac{y^2}{m^2}=1(0<m<5)$ 的

离心率为 $\dfrac{\sqrt{15}}{4}$,A,B 分别为 C 的左、右顶点。

(1)求 C 的方程;

(2)若点 P 在 C 上,点 Q 在直线 $x=6$ 上,且 $|BP|=|BQ|$,$BP\perp BQ$,求 $\triangle APQ$ 的面积。

【解析】本题主要考查了求椭圆标准方程和求三角形面积问题,解题关键是掌握椭圆的离心率定义和数形结合求三角形面积,考察了分析能力和计算能力。过点 P 作 x 轴垂线,交点为 M,设 $x=6$ 与 x 轴交点为 N,可得 $\triangle PMB \cong \triangle BNQ$,可求得 P 点坐标,求出直线 AQ 的直线方程,根据点到直线距离公式和两点距离公式,即可求得 $\triangle APQ$ 的面积。

(2020 北京,20)已知椭圆 $C: \dfrac{x^2}{a^2}+\dfrac{y^2}{b^2}=1$ 过点 $A(-2,-1)$,且 $a=2b$。

(1)求椭圆 C 的方程;

(2)过点 $B(-4,0)$ 的直线 l 交椭圆 C 于点 M,N,直线 MA,NA 分别交直线 $x=-4$ 于点 P、Q。求 $\left|\dfrac{PB}{BQ}\right|$ 的值。

【解析】本题思路清晰,但是对于直线和椭圆联立之后的运算能力要求极高。联立直线与椭圆的方程由直线 MA,NA 的方程确定点 P,Q 的纵坐标,将线段长度的比值转化为纵坐标比值的问题,进一步结合韦达定理可证得 $y_P+y_Q=0$,从而可得两线段长度的比值。本题与 2020 年新高考全国卷Ⅰ压轴题共同揭示了:要强化有关直线与椭圆联立得出一元二次方程后的运算能力,重视根与系数之间的关系、弦长、斜率、三角形的面积等问题。

(4)一题多解,寻求最简解题方法。

高考题的命制可能是基于一个结论,但高考题的解法不胜枚举。较高水平的学生能够从中确定逻辑通畅、运算简便、准确度高的解题路径,在高考的限时作答中更具优势。这就要求学生将知识体系化,能迅速筛选和整合。这同时是今后教学应努力的方向。

(2020 新高考 II ,21)已知椭圆 $C:\dfrac{x^2}{a^2}+\dfrac{y^2}{b^2}=1(a>b>0)$ 过点 $M(2,3)$,

点 A 为其左顶点,且 AM 的斜率为 $\dfrac{1}{2}$。

(1)求 C 的方程;

(2)点 N 为椭圆上任意一点,求 △AMN 的面积的最大值。

【方法一】利用几何关系找到三角形面积最大时点 N 的位置,即直线与椭圆相切时,然后联立直线方程与椭圆方程,结合判别式确定点 N,求解 N 到直线 AM 的距离即可求得三角形面积的最大值。

【方法二】可通过椭圆上一点的切线方程,写出过 M 点的切线方程,与椭圆方程联立即可求得 M 点坐标,再求解 N 到直线 AM 的距离即可。

上面两种方法解题思路略有不同,在计算量上差别不大。建议在考试中选取方法一,与高中知识更契合。

(2020 天津,18)已知椭圆 $\dfrac{x^2}{a^2}+\dfrac{y^2}{b^2}=1(a>b>0)$ 的一个顶点为 $A(0,-3)$,

右焦点为 F,且 $|OA|=|OF|$,其中 O 为原点。

(1)求椭圆的方程;

(2)已知 C 点满足 $3\overrightarrow{OC}=\overrightarrow{OF}$,点 B 在椭圆上(B 异于椭圆的顶点),直线 AB 与以 C 为圆心的圆相切于点 P,且 P 为线段 AB 的中点。求直

线 AB 的方程。

【方法一】设直线 AB 方程，常规联立。

因为直线 AB 与以 C 为圆心的圆相切于点 P，所以 $CP \perp AB$。

根据题意可知，直线 AB 和直线 CP 的斜率均存在。

设直线 AB 的斜率为 k，则直线 AB 的方程为 $y+3=kx$，即 $y=kx-3$。

由 $\begin{cases} y=kx-3 \\ \dfrac{x^2}{18}+\dfrac{y^2}{9}=1 \end{cases}$，消去 y，可得 $(2k^2+1)x^2-12kx=0$，解得 $x=0$ 或 $x=\dfrac{12k}{2k^2+1}$。

将 $x=\dfrac{12k}{2k^2+1}$ 代入 $y=kx-3$，得 $y=k\cdot\dfrac{12k}{2k^2+1}-3=\dfrac{6k^2-3}{2k^2+1}$，所以点 B 的坐标为 $\left(\dfrac{12k}{2k^2+1},\dfrac{6k^2-3}{2k^2+1}\right)$。

因为 P 为线段 AB 的中点，点 A 的坐标为 $(0,-3)$，所以点 P 的坐标为 $\left(\dfrac{6k}{2k^2+1},\dfrac{-3}{2k^2+1}\right)$。

由 $3\overrightarrow{OC}=\overrightarrow{OF}$，得点 C 的坐标为 $(1,0)$，

所以直线 CP 的斜率为 $k_{CP}=\dfrac{\dfrac{-3}{2k^2+1}-0}{\dfrac{6k}{2k^2+1}-1}=\dfrac{3}{2k^2-6k+1}$，

又因为 $CP \perp AB$，所以 $k\cdot\dfrac{3}{2k^2-6k+1}=-1$，整理得 $2k^2-3k+1=0$，解得 $k=\dfrac{1}{2}$ 或 $k=1$。

所以，直线 AB 的方程为 $y=\dfrac{1}{2}x-3$ 或 $y=x-3$。

【方法二】设点 $B(x,y)$，由 $\overrightarrow{CP}\cdot\overrightarrow{AB}=0$，及 B 在椭圆上，联立可求得 B 点坐标 $B(4,\pm1)$，则直线方程明了。

二者相较而言,显然方法二更简洁,准确率和答题速度都更胜一筹,因此学生考试时需要合理取舍。

总之,2020年新高考卷I面向全体考生,扎实落实服务选才要求,科学调控试卷的难度,贯彻高考评价体系的基础性、综合性、应用性和创新性的"四翼"的考查要求。

基础性:试卷在选择题、填空题、解答题部分进行了系统设计,起始题部分起点低、入口宽,从数学概念、数学方法等方面入手,面向全体学生。例如第1~5题、第9、13、14、17、18、19题等,注重考查基础知识,回归教材。

综合性:在试题的难度设计上注重思维的层次性。考生在数学概念的理解、基本数学方法的掌握、数学素养的养成等方面水平不同,而试题的命制给广大考生基于自己认知水平的发现和探索解题方法的不同思考角度.例如第8、10、11、12题具有多种解法,解题方法的多样性,给不同层次的考生提供了多种分析问题和解决问题的途径。

应用性:体现为生活情境的创设,例如第6、15、19题。应用性要求以贴近时代、贴近社会、贴近生活的生活实践或学习探索问题情境为载体,迁移课堂所学内容、理论联系实际。

创新性:试卷在题型和试卷结构上进行了创新性改革,引入了多选题和结构不良试题等新题型。例如第9题全面考查直线与圆锥曲线的基本概念及其性质特征,选项设置层次分明。第11题考查指数函数、对数函数,幂函数的基本性质及平均值不等式的各种表达方法与灵活应用。多选题的设置增强了考生数学学习的获得感,带有开放性的意味,也更有效区分了不同层次考生的数学能力水平,增强了高考选拔的意义。

第七章 "四步曲问题环"驱动高中生态数学

《中国高考评价体系》提出"一核四层四翼"：在情境中围绕"基础性、综合性、应用性和创新性"的考查要求动态地考查"必备知识、关键能力、学科素养和核心价值"等内容，强调知识在动态的考查载体中的灵活运用。

基于此，笔者提出"四步曲问题环"驱动高中生态数学，见图 7-1。

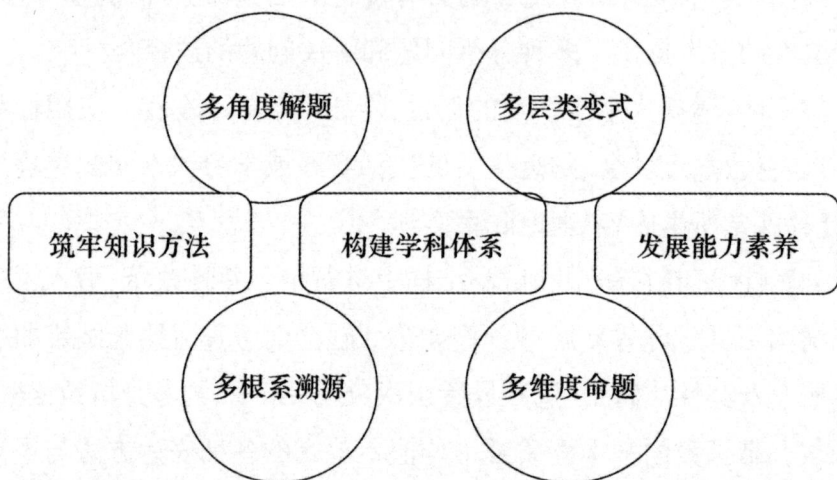

图 7-1

一、筑牢必备知识、熟练基本方法

(一) 突出主线

三角函数、数列、立体几何、解析几何、概率统计和函数与导数等六大主线知识在高考分值中约占85%,其他内容如集合、复数、向量、不等式、逻辑等约占15%且难度一般以中低档为主。因此,必须突出主干知识以适应高考"重点知识重点考"的特点。其中基本方法必须要牢不可破,大部分题目即使存在情景、题型等动态变化但是必备知识和基本方法相对稳定,只有熟练才能灵活运用!

(二) 突破主线组网

高中数学知识模块虽然相对独立,但是仍有交汇联系,如三角函数和数列从定义概念上看本质均是特殊的函数;向量与解析几何均是"数形结合"思想的载体,很多公式息息相通;从"直观想象"核心素养视角看,立体几何、解析几何和向量等自然交汇,抛物线本身既是圆锥曲线又是二次函数等。

因此我们要将定义概念公式全面梳理形成思维导图,各主线辅线融通相连组网构建知识体系,为下一步综合灵活运用知识提升能力打下牢固基础。

二、构建学科知识体系和思维架构

在新高考动态化命题背景下,"动态化与模式化"的优化非常关键!

强化训练有利于提升能力,但也容易造成思维模式化。高中数学一线教学应利用"题目题型"超越"题目题型",训练学生抓牢静态知识、适应灵活形式、形成动态思维。教师必须立足学情、考情持续优化训练的形式、内容,鼓励通过题目分解出微小化真专题进行突破,避免过度机械训练带来的"思维枷锁"。

(一) 加强"综合性"

新高考考查形式上的重要转变就是加强了考查的"综合性",2019年高考数学全国卷Ⅰ理科第20题为"导数＋三角"、理科21题为"概率＋数列"、文科第21题为"抛物线＋圆"等,2019年全国卷Ⅱ中第4题就是物理背景。深入贯彻了《中国高考评价体系》中"四翼"里的"综合性"。

(二) 创设真情境

情境是实现新高考动态考查的重要载体。《实施路径》中明确提出：学习情境、探索创新情境、实践应用情境。因此,诸如2019年全国卷Ⅰ理科第21题的"创新、应用"情境在今后的考试中会更灵活多样。因此我们一定要"跳"进题海选情境,深入教材挖情境！

(三) 优化"选题组卷"

"拿来主义"人人都会,优化创新才会占据先机。模拟题"乱花渐欲迷人眼",就"选题组卷"我们应该注意以下几点。

(1)重视研究高考题。有些高考题可以适时有目的重复使用;有些"远古"高考题可以择机当"新题"使用,比如2008年全国卷第21题形式上类似于2019全国卷第20题等;有些高考题可以改造使用,如逆向使用等。

(2)沉入题海优选模拟题。优先使用情境新,基础性、综合性、应用性、创新性突出的题目。不能盲目迷信某地试题。

(3)重视新旧教材生态题群。2019全国Ⅰ卷压轴题中的数列问题来自人教2003版教材必修五阅读材料及第39页习题组;2019全国Ⅱ卷理科第21题（压轴题）的第一问就是选修2-1课本第41页例3;2019北京卷第6题与新课本第126页例5是否相似？故应特别关注新课本变化的例题、习题和材料等,好题琳琅满目。

(4)实施适度改编或原创命题。其中组合题、逆向改编命题不仅实施方便,而且设问、考查角度的动态变化往往会发现意想不到的问题与收获,达到事半功倍的效果。

总之,这一阶段是学生综合提升能力的关键期,强化训练是重要手段,及时针对微小专题查缺补漏。

三、发展能力素养

(一) 静悟

指导学生及时定时静悟。静悟的载体一定要优化,充分利用好课本、改错本等。

相对于训练,我们对改错系统的构建是明显不重视、落实不够的。改错不是课后事,而是学习过程的一部分,改错形式可丰富灵活但要有反思。指导构建学生个性化错题本和教师错题库,杜绝有错题无时间、有时间无指导、有指导无落实。

(二) 深入反复研究真题

新高考是越来越动态化的,但知识方法能力是相对静态的,而且即使动态也未必毫无规律,我们不能仅停留在所谓"考点、题型"的视角来看新高考。重要的经典的高考题值得反复研究,从一遍到多遍是为了多视角、深溯源、高观点升华!

(三) 研究学习提升

师生可对《中国高考评价体系》《基于中国高考评价体系的数学科考查内容改革实施路径》《普通高中数学学科课程标准》、优秀文章文献及高考模考题深入反复学习,多视角高观点研究动态的高考。

综上,高中数学可以通过"四步曲问题环"驱动高中数学教学生态,从而突破挑战。

参 考 文 献

[1]任子朝,赵轩.基于高考评价体系的数学科考试内容改革实施路径[J].中国考试,2019(12):27-32.

[2]中华人民共和国教育部.普通高中数学课程标准(2017年版2020年修订)[M].北京:人民教育出版社,2020.